Franz Meußdoerffer/Martin Zarnkow

DAS BIER

Eine Geschichte von Hopfen und Malz

Verlag C.H.Beck

Eine ausführliche Bibliographie
zu diesem Buch finden Sie
im Internet unter:
www.chbeck.de/go/Bier

Mit zwei Schaubildern auf den
Umschlaginnenseiten und einer
Tabelle

Originalausgabe
© Verlag C.H.Beck oHG, München 2014
Gesamtherstellung: Druckerei C.H.Beck, Nördlingen
Reihengestaltung: Uwe Göbel, München
Umschlagabbildung: © volff – Fotolia
Printed in Germany
ISBN 978 3 406 66667 4

www.beck.de

Inhalt

Einleitung – Der Mensch und sein Bier 6

1. Wie man Bier braut 10

2. Die Anfänge des Bierbrauens 17

3. Sonne und Feuer: Bierbrauen im Altertum 24

4. Chaos und Neuordnung 39

5. Hunger, Pest und Hansebier:
   Die Anfänge des Bierexports 61

6. Die neue Welt 79

7. Wie es Euch gefällt: Bier kommt aus der Mode 101

8. Der Phönix aus dem Lagerkeller 107

9. Das 20. Jahrhundert und die
   Zukunftsperspektiven 125

Einleitung – Der Mensch und sein Bier

Biergeschichte – Funde und Fabeln

Unser Wissen über die Anfänge und die Entwicklung des Bierbrauens stammt aus schriftlichen Zeugnissen – wobei es sich mitunter um mündliche Überlieferung handelt, die später niedergeschrieben wurde. Darüber hinaus verfügen wir über bildliche und figürliche Darstellungen von Brauern sowie über naturwissenschaftliche Analysen von Artefakten. Jedem dieser Zeugnisse muss mit der gebotenen Quellenkritik begegnet werden; denn keinesfalls darf man das Bild, das sich aus einem Zufallsfund ergeben mag, auf eine ganze Epoche oder eine Kultur übertragen. Insbesondere im Hinblick auf die Anfänge des Brauwesens muss stets der gesamte Kontext einer Fundstelle berücksichtigt werden, aus dem ein Objekt stammt. Ebenso gilt, dass Texte der Brauliteratur je nach Verfasser tendenziös und parteiisch sein können, also in ihren Aussagen kritisch bewertet werden müssen.

Was ist Bier?

Die Grundlage der Entstehung alkoholischer Getränke ist stets das Vergären einer zuckerhaltigen Lösung. Dabei kann der Zucker entweder schon in der Ausgangslösung vorhanden sein, wie etwa in Fruchtsäften oder Honig, oder er wird erst aus Stärke freigesetzt. Der Schritt zur Erzeugung einer zuckerhaltigen *Würze* aus stärkehaltigen Ausgangsstoffen unterscheidet Bier von Wein und Met. Met aus Honig oder Kumys aus Milch sind nach dieser Definition kein Bier – wohl aber Reiswein. Von den Spirituosen unterscheidet sich Bier dadurch, dass der Alkoholgehalt nicht nach der Gärung durch destillative Verfahren erhöht wird.

Ein weiteres Charakteristikum, das Bier von anderen Getränken unterscheidet, ist der stabile Schaum, der einerseits die im Getränk enthaltenen Gase (etwa Kohlendioxyd) darin hält, andererseits aber auch verhindert, dass sich Aromastoffe verflüchtigen; zudem verhindert er die Oxidation der Flüssigkeit und schützt sie vor Staub.

Warum Bier?

In allen Epochen der Geschichte – soweit wir sie überblicken oder rekonstruieren können – gehörten vergorene, alkoholhaltige Getränke zur menschlichen Kultur. Es waren nicht zuletzt vier Eigenschaften, die dem Bier die besondere Wertschätzung des Menschen sicherten – wenn auch zu unterschiedlichen Zeiten mal mehr die eine, mal die andere.

I. Bier – das flüssige Brot

Wir leben heute in einer privilegierten Situation, wenn wir mit großer Selbstverständlichkeit jederzeit Zugang zu einwandfreiem Trinkwasser haben. Das war zu anderen Zeiten – und ist es auch heute noch in manchen Weltgegenden – nicht der Fall. Gerade dort, wo viele Menschen auf engem Raum zusammenlebten, war Wasser häufig mit Krankheitserregern kontaminiert. Demgegenüber war Bier bereits in der Vergangenheit eine vergleichsweise sichere Flüssigkeit, weil Alkohol und Kohlensäure sowie der niedrige pH-Wert das Infektionsrisiko deutlich mindern. Darüber hinaus hat Bier einen hohen Nährwert und bildete so bis in das 17. Jh. für viele Menschen einen zentralen Bestandteil der täglichen Nahrung. Nicht zuletzt wegen seines Gehalts an Alkohol, organischen Säuren und Aromastoffen war Bier zudem deutlich wohlschmeckender als andere Speisen und Getränke vergangener Epochen und daher im Alltag sehr beliebt. Bier wurde auf diese Weise auch Grundlage vieler Speisen. Schließlich ist Bier eine Quelle essenzieller Vitamine, Spurenelemente und anderer gesundheitsfördernder Inhaltsstoffe. Vor allem für Menschen, die sich überwiegend von Getreideprodukten ernähren müssen, ist diese Ergänzung ihrer Diät durch Bier gesundheitsfördernd. Dasselbe galt einst auch für Seefahrer, die ihre Wasservorräte nicht täglich an Land ergänzen konnten und deshalb haltbare, nahrhafte und gesunde Getränke mitführen mussten. Kein Wunder also, dass sich besonders seefahrende Nationen um die Verbesserung des Brauwesens verdient gemacht haben.

2. Bier – der Rausch gehört auch dazu

Es ist heute kaum mehr vorstellbar, welche rituelle Bedeutung der Rausch in früheren Kulturen besaß. Durch bewusstseinserweiternde Rauschzustände und Ekstase versuchten Menschen, mit Göttern und Verstorbenen in Kontakt zu gelangen. Bier gilt daher in den Mythen und Religionen vieler Kulturen als göttlichen Ursprungs. Nicht selten wurde Bier für rituelle Zwecke – später auch für sogenannte Hexen- und Liebestränke – mit Mohnsaft, Bilsenkraut, Eisenhut oder Mutterkorn versetzt, weil es deren psychoaktive Substanzen besser löste und der Alkohol deren Wirkung potenzierte. Es sei jedoch an dieser Stelle ausdrücklich und dringend davor gewarnt, mit solchen zum Teil hochgiftigen Substanzen zu experimentieren und sie Nahrungsmitteln zuzusetzen; der kenntnislose Gebrauch, wenn er nicht tödlich verlaufen sollte, hätte mit Sicherheit schwerste gesundheitliche Schäden zur Folge!

3. Heilsames Bier

Was für Psychopharmaka gilt, trifft natürlich auch für andere Wirkstoffe zu. Bier war lange Zeit Ausgangsstoff vieler Arzneizubereitungen. Bier selbst ist ein isotonisches Getränk mit wertvollen Inhaltsstoffen und als solches geeignet, kräftigend zur Rekonvaleszenz beizutragen. Zudem wird die entspannende und sedierende Wirkung des Biers bei der Behandlung von Kranken geschätzt.

4. Bier – der Kitt des Beisammenseins

Der Rausch war in den meisten Kulturen ein gemeinschaftsstiftendes Erlebnis, dessen Erlangung mithin auch in der Gemeinschaft zelebriert wurde und in einen ungeschriebenen Verhaltenskodex eingebettet war. So war die Gemeinschaft auch der

Ort, wo typischerweise alkoholische Getränke konsumiert wurden. Durch das gemeinsame Trinken wurde nicht zuletzt die Zugehörigkeit zu einer Gruppe ebenso definiert wie die gesellschaftliche Rangfolge der Teilnehmer eines Gelages. Dies galt bis ins 18. Jh.; danach haben sich die sozialen Voraussetzungen des Rauschs verändert.

Die Randbedingungen: Klima, Städte und Handel

Klima, Urbanisierung und Handel haben die gesellschaftliche Bedeutung des Biers seit der Steinzeit beeinflusst. Bier ist ein Getreideprodukt; seine Erzeugung hängt daher direkt von der Verfügbarkeit von Braugetreide ab. Deshalb finden sich Bierkulturen vor allem in Regionen und Epochen, in denen Getreide reichlich verfügbar ist, während Gesellschaften, die kein Getreide anbauen können oder zusätzliches Getreide importieren müssen, lokal erzeugten Wein oder vergorene Milch bevorzugen. Daher beeinflusst langfristig auch das Klima den Konsum von Bier und Wein. Unter warmen Klimabedingungen ist Brauen schwieriger, weil die Gärung schnell und unkontrolliert abläuft, die Haltbarkeit des Biers sinkt und die Infektionsgefahr durch Bierschädlinge wächst. Umgekehrt ist historisch zu belegen, dass in Kälteperioden Bier zum dominierenden Getränk wurde. Es war also sicher kein Zufall, dass bedeutende Innovationen beim Bierbrauen in Kälteperioden fielen.

Bier war von Anfang an ein (proto-)urbanes Produkt. Für die Versorgung (früh-)städtischer Siedlungen ist Bier als wohlfeiles, bekömmliches Getränk prädestiniert, weil es aus gut und platzsparend zu lagernden Rohstoffen bei Bedarf schnell und gleich an Ort und Stelle hergestellt werden kann. Wegen seiner vormals allerdings stark eingeschränkten Haltbarkeit sowie hoher Transportkosten und großer Preiselastizität hat sich der Handel mit Bier lange Zeit nur im unmittelbaren Umkreis der Produktionsstätte oder zur See rentiert. Nach Einführung des gehopften Biers im 15. Jh. wurden aber besonders beliebte Qualitätsbiere auch über Land vertrieben.

I. Wie man Bier braut

Was drin ist: Die Rohstoffe

Wasser

Bier besteht zu rund 90 % aus Wasser, weshalb die Wasserqualität die Güte des Biers mitbestimmt. Für zahlreiche Prozessparameter und Qualitätsmerkmale ist die Härte des Wassers entscheidend. Brauereieigene Quellen oder Brunnen sind seit alters die bevorzugte Quelle für das Brauwasser. Bevor die Stoffe, die die Härte des Wassers bestimmen (z. B. Calciumcarbonat), mit Enthärtungsanlagen selektiv entfernt werden konnten, bestimmte die lokale Wasserqualität charakteristische Eigenschaften eines Biers.

Braugetreide

Für Braumalz werden hochwertige Gerstensorten verwendet. Alljährlich bringen europäische Züchter 10 bis 25 neue Sorten zur Anmeldung beim Bundessortenamt. Dort werden sie drei Jahre lang an mehreren Standorten geprüft. Entscheidende Kriterien sind die landwirtschaftlichen Eigenschaften wie hoher Ertrag, gute Standfestigkeit und gute Krankheitsresistenz ebenso wie die Mälzungs- und Braueigenschaften.

Hopfen (Humulus lupulus)

Man unterscheidet je nach Gehalt an Bittersubstanzen zwischen Aroma- und Bitterhopfen. Bitterhopfen enthält mehr α-Hopfenbittersäuren, während Aromahopfen mehr Hopfenöle aufweist. Jede Hopfensorte hat ihr eigenes, genetisch verankertes Aromaprofil, das die Aromanote, den Grad der Bitterkeit und die Abrundung des Biers beeinflusst. Wichtig ist auch der Gehalt an Polyphenolen wegen deren antioxidativen Eigenschaften und ihrer gesundheitsfördernden Wirkung.

Neben den Sorten spielen auch die Anbaugebiete eine Rolle:

In Bayern sind es die Hallertau, Hersbruck und Spalt, in Baden-Württemberg Tettnang, in Mitteldeutschland das Elbe-Saale-Gebiet. Große Bedeutung kommt auch dem Saazer Hopfen aus Tschechien zu. Auf dem Weltmarkt sind die USA, Neuseeland und Australien mit sehr interessanten Sorten große Wettbewerber.

Was man sonst noch braucht: Die Hefe

Hefezellen sind zu schwer, um über weite Distanzen durch die Luft getragen zu werden. Eine *Spontangärung* ist also auf Verunreinigungen aus der Brau-Umgebung wie z. B. hölzernen Gärbottichen zurückzuführen. Meist handelt es sich dabei um Gemeinschaften aus Bierhefen, wilden Hefen und säuernden Bakterien. Erst als der dänische Brauwissenschaftler Emil Christian Hansen (1842–1909) die Grundlagen zur Hefe-Reinzucht erarbeitet hatte, konnten einzelne Hefezellen mit definierten Eigenschaften unter keimfreien Bedingungen vermehrt werden. Heute verfügen *Hefebanken* über eine Vielzahl von Isolaten (einzelnen, reinen Hefen), die jederzeit bezogen werden können.

Man unterscheidet obergärige und untergärige Hefen. Die obergärige Hefe *Saccharomyces cerevisiae* bildet Sprossverbände, an denen sich die bei der Gärung gebildeten CO_2-Blasen anhaften und die Verbände nach *oben* treiben. Die untergärige Hefe *Saccharomyces pasteurianus* ist wahrscheinlich durch die Kreuzung zwischen *Saccharomyces cerevisiae* und *Saccharomyces eubayanus* entstanden und setzt sich am Ende der Gärung am Boden, also *unten* ab.

Den Charakter formen: Das Mälzen

Beim Maischen zerlegen Enzyme Kohlehydrate und Proteine in Zucker und Aminosäuren. Der natürliche Prozess, diese Enzyme zu gewinnen, ist Malz herzustellen. Malz ist zum Keimen gebrachtes Getreide, das anschließend getrocknet und dadurch haltbar gemacht wird. Der Mälzungsprozess teilt sich in drei Teile auf: Weichen, Keimen und Trocknen.

Beim Weichen nimmt das Korn innerhalb von etwa zwei

Tagen fast die Hälfte seines Eigengewichtes an Wasser auf und beginnt zu keimen. Anschließend wird die Keimung durch die Zufuhr feuchter und temperierter Luft präzise gesteuert. Ziel des Mälzers ist es, Körner mit hoher Enzymaktivität zu erhalten, die aber zugleich auch noch möglichst viele Reservestoffe enthalten. Um deren weiteren Ab- und Umbau in Wurzeln und Blätter zu verhindern, stoppt man den Keimprozess nach etwa fünf Tagen, indem das jetzt als *Grünmalz* bezeichnete Keimgut auf der sogenannten Darre (einer Einrichtung zum Trocknen und – leichten – Rösten) zunächst schonend bei Temperaturen bis zu etwa 50 °C trocknet. Ist das Wasser weitgehend ausgetrieben, wird die Temperatur auf 80 °C und mehr erhöht, wobei Farb- und Aromaverbindungen entstehen. Je höher man die Temperatur steigert, desto dunkler und aromatischer wird das Malz und damit auch die daraus hergestellten Biere. So heißen bei 80 °C abgedarrte helle Malze *Pilsner Malz*, bei 90 °C abgedarrte *Wiener Malz* und bei 100 °C abgedarrte dunkle Malze *Münchner Malz*. Diese Bezeichnung von Malzen unterschiedlicher Farbcharakteristika nach Orten hat sich historisch aufgrund des jeweiligen Brauwassers ergeben. Das harte Münchner Wasser ist für dunkle Biere bestens geeignet, das weiche in Pilsen erlaubt die Herstellung sehr heller Biere und das Wiener Wasser liegt ein wenig dazwischen.

Biersieden: Die Kunst der Würzebereitung

Die Umwandlung von Getreidestärke zu einer zuckerhaltigen Lösung, der *Würze,* hat das Bild vom Brauer geprägt. Maischscheit und Schöpfkelle gelten als charakteristische Brauersymbole. Die Kunstfertigkeit des Brauers wird am *Extrakt* seiner Würze bewertet. Je höher der Gehalt an Zuckern, Proteinen, Vitaminen und anderen löslichen Verbindungen, umso höher die *Stammwürze* und umso stärker und gehaltvoller später das Bier.

Bier hat normal einen Stammwürzegehalt von 11–12 %. Durch die Gärung entsteht dann in der Regel ein Alkoholgehalt, der ein Drittel des Stammwürzegehalts ausmacht, also etwa 3,7–4,0 Gewichtsprozente. Durch die Regulierungen der EU wird der Alkoholgehalt auf dem Etikett in Volumenprozenten angegeben, die sich über die Dichte des Alkohols zu 4,7–5,0% errechnen. Bier dieser Stärke enthält auch noch rund 4% unvergärbaren Extrakt, der sich aus Kohlenhydraten und Eiweiß, Bitterstoffen, Gerbstoffen, Mineralstoffen, sowie Vitaminen zusammensetzt.

Biere werden nach ihrem Stammwürzegehalt kategorisiert, z. B. *Leichtbiere* mit 7–8%, *Export-* und *Spezialbiere* mit Stammwürzegehalten von 12–14%, *Bockbiere* mit über 16% und *Doppelbockbiere* mit über 18%. Letztere haben dann Alkoholgehalte von 7,5% (Vol-%) und mehr; die stärksten Biere, deren Erzeugung allerdings besonderer Verfahrenstechniken bedarf, haben über 50% Alkohol. Seit knapp drei Jahrzehnten gibt es auch *alkoholfreie* Biere mit einem Alkoholgehalt von unter 0,5 Vol-%. Dieser niedrige Wert wird entweder dadurch erreicht, dass die Gärung sehr zeitig gestoppt wird oder es wird einem *normalen* Bier der Alkohol durch physikalische Trennverfahren entzogen.

In einer modernen Brauerei muss jeder Prozessschritt schnell ablaufen, da noch chargenweise gearbeitet wird: Das abgelagerte Malz wird gereinigt und dann in der Schrotmühle zerkleinert. Anschließend wird das Schrot mit Brauwasser gemischt und stufenweise erwärmt (Temperaturrasten), weil die Enzyme für den Abbau von Stärke und Proteinen unterschiedliche Temperaturoptima haben. Die Enzyme wiederum können aus verschiedenen Quellen stammen. In der Regel aus Malz, aber auch ungemälztem Getreide. Sie können aber auch aus externen Quellen wie Schimmelpilzen oder gleich als Additiv aus anderen Prozessen stammen. Der Maischprozess beginnt bei ca. 50 °C, wo die Speicherproteine durch Proteinasen (Enzyme zum Abbau von Proteinen) zerlegt werden (Eiweißrast). Dann wird die Temperatur auf ca. 65 °C erhöht, um Stärke zu Maltose (Malzzucker) abzubauen (Maltoserast) und schließlich zum Abbau höhermolekularer Dextrine auf 70–72 °C erhöht. Bei der Endtemperatur von 75–78 °C wirkt nur noch ein stärkeabbauendes Enzym. Dieser Prozess dauert zwei bis drei Stunden, je nach Enzymstärke und *Lösung* des Malzes sowie gewünschtem Biertyp.

Die fertige Maische wird nun in den *Läuterbottich* gepumpt, ein Gefäß mit einem Siebboden, in dem sich die festen Bestandteile des Malzes (*Treber*) absetzen und so eine Filterschicht bilden. Hierdurch wird eine klare Würze gewonnen. Diese erste Würze (die Vorderwürze) hat heute einen Extraktgehalt von ca. 18 %. Wenn sie abgelaufen ist, werden die Treber mit 75 °C heißem Wasser ausgewaschen. Diese Würzen sind etwas bitterer und dunkler als die Vorderwürze und gelten als unedler. Je intensiver die Treber ausgewaschen werden, desto mehr nehmen diese Eigenschaften zu. Das letzte ablaufende Wasser ist das sogenannte *Glattwasser*, das nur noch sehr wenig Extrakt enthält. In früherer Zeit wurde es für minderwertige Biere verwendet, während es heute manchmal in den nächstfolgenden Sud eingeht. Hierdurch erreicht man in etwa eine Gesamtwürze von ca. 11–12 % Extrakt (der Brauer spricht von der ungehopften Pfanne-voll-Würze). Die zurückbleibenden Treber sind übrigens ein wertvolles Viehfutter.

Die *Pfanne-voll-Würze* wird in die *Würzepfanne* überführt und ein bis eineinhalb Stunden gekocht. Dabei wird Hopfen zugesetzt: früher als Doldenhopfen, heute meist in der wesentlich haltbareren Form von Hopfenextrakt oder gemahlenem pelletierten (verfahrenstechnisch zusammengepressten) Hopfen. In der kochenden Würze werden die α-Säuren des Hopfens in ihre aktiven (bitteren) Formen überführt. Beim Kochprozess flockt auch hochmolekulares Eiweiß aus, ferner werden unedle Aromastoffe ausgedampft, Enzyme inaktiviert und die Würze quasi sterilisiert.

Mit dem Kochen ist der Sud beendet. Die sogenannte *Ausschlagwürze* verlässt das Sudhaus und wird in den *Whirlpool* gepumpt. Sie erfährt dort eine kreisende Bewegung, durch die der Trub (Eiweiß und Hopfenrückstände) – wie in einer Teetasse, in der man mit einem Löffel umrührt – auf dem Gefäßboden nach innen transportiert wird, wo er dann abgeschieden werden kann. Nach dieser Trennung von festen und flüssigen Bestandteilen wird die Würze mit Hilfe eines Wärmetauschers auf 7–15 °C abgekühlt. Diese nun zum Vergären bereite *Anstellwürze* wird in den Gärtank überführt.

Gärung – Reifung – Lagerung

Die Anstellwürze wird mit frisch vermehrter Hefe versetzt (*angestellt*). Moderne Biere sind heute überwiegend als untergärige *Lagerbiere* konzipiert. Sie werden bei Temperaturen zwischen 7–10 °C (die heutigen Stämme auch bei ca. 15 °C) vergoren. Beim *obergärigen* Bier liegt die Gärtemperatur bei 18–25 °C. Zu den obergärigen Bieren zählen das bayerische Weizenbier, die Altbiere oder das Kölsch aus dem Rheinland und die Berliner Weiße. Auch die belgischen und britischen *Ales* und *Stouts* sind obergärig.

An die Gärung schließt sich die Lagerung an, während der das Bier reift. Je nach Gär- und Reifungstemperatur laufen die Prozesse langsamer oder schneller ab. Die Gärung dauert bei 9 °C ca. 7 Tage, bei 15 °C ca. 4 Tage, wobei sich bei letzterem Verfahren die Reifungsstufe unmittelbar anschließt, sodass mit einer Gesamtzeit Gärung/Reifung von 7 Tagen gerechnet werden kann. Es bedarf dann noch einer Kaltlagerphase, um die erforderliche Eiweißstabilität zu erreichen und eine geschmackliche Abrundung des Biers zu erzielen.

Bei der früher üblichen, kälteren Gärung wurde gegen Ende auf ca. 5 °C abgekühlt, um noch einen Restextrakt für die Nachgärung im Lagertank zu erhalten. Auch setzt sich die Hefe bei ca. 5 °C im Gärbehälter ab. Während einer ca. sechswöchigen Lagerzeit hatte die Hefe dann auch den restlichen Extrakt vergoren, das Jungbier klarte aus und reicherte sich unter einem bestimmten *Spundungsdruck* – dem Gasdruck auf dem Verschluss des Fasses – mit Kohlensäure an.

Neben Alkohol und Kohlensäure gelangen durch den Sekundärstoffwechsel der Hefe neue Verbindungen wie höhere Alkohole und Ester in das Bier. Diese tragen zu seinem Charakter bei. Gärungsnebenprodukte wie Diacetyl können aber auch einen unfertigen, butterähnlichen Geruch hervorrufen, wenn sie nicht während der nachfolgenden Reifung (Lagerung) abgebaut werden.

Früher waren offene Gärbottiche, zuerst aus Holz mit ca. 40 hl (Hektoliter) Inhalt üblich, die durch rechteckige Bottiche aus Aluminium oder Edelstahl von bis zu 600 hl ersetzt wurden. Die nächste Entwicklungsstufe waren liegende Gärtanks von bis zu 1000 hl, in denen sich aber die Hefeernte schwierig gestaltet. Die Entwicklung zylindrokonischer Tanks mit Größen von bis zu 6500 hl für die Gärung und 8000 hl für die Lagerung ist deshalb ein großer Fortschritt. Nach der Reifung gelangt das Bier zur Filtration, falls es nicht *naturtrüb* verkauft werden soll.

Klar sehen: Die Filtration

Ziel der Filtration ist, das Bier zu klären, d. h. trübende Eiweißkörper, ausgeschiedene Bitterstoffe, restliche Hefezellen und möglicherweise bierschädliche Organismen zu entfernen und so das Bier zu *stabilisieren*. Der heutige Filtervorgang (Filtration) geschieht über Kieselgurfilter mit einem definierten Feinheitsgrad. Die Kieselgur (ein Süßwassersediment) wird in Wasser oder Bier aufgeschlämmt und vor dem Filter in der jeweils angemessenen Menge beigegeben. Sie bildet so auf dem Filter eine Schicht, die dann durch eine weitere, laufende Anschwemmung ihre Funktionsfähigkeit über 7–14 Stunden behält.

Für die finale Entkeimung des Biers können Kurzzeiterhitzer eingesetzt werden, die das Bier unter entsprechend eingestelltem Druck für 30 bzw. 60 Sekunden auf Temperaturen von 68–74 °C erwärmen.

Voll machen: Die Abfüllung des Biers

Fassabfüllung

Noch zu Beginn des 20. Jh.s wurde das Bier in Deutschland nahezu ausschließlich in Fässer abgefüllt. Die Fässer waren ursprünglich aus Holz und mit einer Pechauskleidung versehen, die regelmäßig erneuert werden musste. Der Ausschank des Biers erfolgte *vom Ganter* (Auflageblock für das Fass) mit Hahn und Ventil unter atmosphärischem Druck, wobei das Bier nach wenigen Stunden schal wurde. Holzfässer wurden Mitte des letzten Jh.s von solchen aus Aluminium-Legierungen oder aus Edelstahl abgelöst. Erst seit Einführung der zylindrischen Fässer

(*Kegs*), bei denen die Zapfvorrichtung am Fass verbleibt, ist ein hohes Maß an Produktsicherheit gewährleistet.

Flaschenabfüllung

Heute werden 80% des gesamten Biers in Flaschen oder Dosen abgefüllt. Dabei kann Geschmacksstabilität von bis zu einem Jahr gewährleistet werden, wenn in der Füllerei besonders auf Hygiene geachtet und verhindert wird, dass das Bier mit Sauerstoff in Berührung kommt, also nicht oxidiert. Die Leistung der modernen Flaschenfüllanlagen reicht von 3000–60000 Flaschen pro Stunde. Die Füller könnten wohl noch schneller arbeiten, müssen aber auf andere Anlageteile abgestimmt sein. So werden z. B. die Flaschen rückstandsfrei gereinigt, mit bildverarbeitenden Kameras auf Fehler und Verunreinigungen überprüft und unter Druck befüllt. Im Abfüllbereich stehen die mit Abstand teuersten Anlagen der gesamten Brauerei. Biere, die einen langen Handelsweg haben, werden meist noch im fertigen Gebinde pasteurisiert – also durch schonendes Erhitzen entkeimt und haltbar gemacht.

2. Die Anfänge des Bierbrauens

Voraussetzungen: Die Natur

In grauer Vorzeit

Lange bevor die ersten Menschen über die Erde wanderten, entwickelten sich im warmen Klima der Kreidezeit vor ca. 100 Millionen Jahren Blütenpflanzen. Fossilienfunde belegen, dass wenig später auch die Evolution fleischiger, zuckerhaltiger Früchte einsetzte. Zugleich erschienen bestäubende Insekten wie z. B. Bienen. Ihr Honig sollte in der Biergeschichte eine wichtige Rolle spielen. An diese neuen Entwicklungen passten sich auch die Mikroorganismen an. So entwickelten Hefen die Fähigkeit, Zucker schnell und effizient in Alkohol umzuwandeln, den viele konkurrierende Mikroorganismen nicht verwerten können.

Saccharomyces-Hefen kommen, ihrer Spezialisierung entsprechend, auf reifen Früchten oder Honig vor. Interessanterweise finden sie sich häufig auch auf Eichenrinde. Das mag erklären, warum in früheren Zeiten speziell Eichenrinde oft als Bierzusatz erwähnt wurde.

Die Sintflut

20 000 Jahre v. Chr. hatte die letzte Eiszeit ihren Höhepunkt erreicht. Da ein Großteil des Wassers in gewaltigen Eisschilden an den Polen, aber auch in Inlandsgletschern gebunden und damit dem natürlichen Kreislauf entzogen war, fiel der Meeresspiegel auf einen Tiefststand. Danach begannen die Temperaturen zu steigen, und um 10 000 v. Chr. beendete eine längere Wärmeperiode endgültig die Eiszeit. Die Eismassen verwandelten sich in Flüsse und Seen. Die gravierenden Veränderungen des Klimas und – in der Folge – auch der Landschaft hatten nachhaltige Auswirkungen auf Pflanzen und Tiere.

Voraussetzungen: Die Menschen

Es war stets die besondere Fähigkeit des Menschen, sich an die – oft dramatischen – Veränderungen seiner Umwelt anzupassen, die ihm sein Überleben sicherte. So auch am Ende der letzten Eiszeit. Ein reichlicheres Nahrungsangebot in Flora und Fauna erlaubte damals auch größeren Gruppen, länger in bestimmten Großräumen zu verweilen, wobei sie freilich immer noch als Wildbeuter den jeweiligen Vegetationslagen und den Wanderungen ihrer Beutetiere folgten, also zwischen Sommer- und Winterlagern wechselten. Sie begannen, feste Wohnungen und Kultstätten aus Stein zu errichten, sammelten Wildgetreide und kultivierten manche dieser Gräser sogar, jedoch noch ohne deren Eigenschaften zu verändern. Die Natufien-Kultur (ca. 12 000–9000 v. Chr.), deren Spuren sich zwischen Gaza und Euphrat erhalten haben, bietet ein gutes Beispiel für diese Übergangszeit. Die Menschen im Natufien sammelten, lagerten und verarbeiteten Pflanzensamen gezielt, wie zahlreiche Funde von Lagerhäusern, Feuersteinsicheln, Mörsern zum Entspelzen und

Mahlsteinen zeigen. Unter den ca. 160 Arten von Pflanzensamen, die in den Überresten natufischer Siedlungen gefunden wurden, sind die bespelzten Süßgräser Roggen, Einkorn, Emmer und Gerste besonders häufig vertreten.

Das Fest als Motor sozialer Systeme gewann in dieser Kultur eine große Bedeutung. Das älteste bis heute bekannte, wahrhaft monumentale Ritualzentrum dieser Epoche liegt auf dem Göbekli Tepe im Südosten der Türkei nahe der Stadt Urfa. Sein Entstehen wäre ohne solche Zusammenkünfte nicht möglich gewesen. Und es ist für unseren Zusammenhang von besonderem Interesse, dass ganz in der Nähe des Göbekli Tepe, am Bergmassiv Karacadağ, die früheste Domestikation von Einkorn nachgewiesen wurde.

Etwa zwischen 9500 und 6000 v. Chr. datiert die sogenannte neolithische Revolution: Damals wurden Menschen im *Fruchtbaren Halbmond* im Nahen Osten, am Nil, in den Flussniederungen des Jangtse und des Gelben Flusses in China sesshaft und begannen, Pflanzen und Tiere zu domestizieren. Zu den ersten durch Menschen veränderten und an ihre Bedürfnisse und Technologien angepassten Pflanzen gehörten im Nahen Osten Feige, Gerste, Einkorn, Linse und Emmer; in China Banane, Reis und Hirse. Diese Nutzpflanzen unterscheiden sich von ihren wilden Verwandten insbesondere dadurch, dass die Samen größer sind und fester auf der Ähre sitzen, sodass sie erst beim Dreschen und nicht schon beim ersten Windstoß abfallen. Zudem ist bei den domestizierten Getreidesorten eine Ruhezeit einprogrammiert (Keimruhe), während der die reifen Körner nicht zu keimen beginnen, und zwar selbst dann nicht, wenn sie feucht werden. Auch die erste, zweizeilige, domestizierte Gerste (9500–8400 v. Chr.) besitzt diese Eigenschaften. Etwa 2500 Jahre später werden die sechszeiligen Sorten und die in Asien weitverbreiteten Nacktgersten domestiziert.

Die als Folge der damals einsetzenden landwirtschaftlich orientierten Lebensweise erfolgende Umstellung der Ernährung, die im Weiteren überwiegend auf pflanzlicher Nahrung basierte, wirkte sich natürlich auf die menschliche Mundflora, die Mikrobiota des Verdauungssytems und damit auch auf das Immunsys-

tem aus. Die vergleichsweise gesicherte Versorgung mit Getreideprodukten hatte zur Folge, dass die Menschen kräftiger und größer wurden. Die damals einsetzenden Veränderungen reichten
jedoch weit über die Optimierung der Landwirtschaft (Pflege von
Vieh und Feldern, geordnete Aussaat- und Erntezeiten) hinaus.
Gesellschaftlicher Wandel, soziale Differenzierung, Anfänge und
Organisation von Herrschaft, Religion und Priesterwesen gehörten ebenso zu den nachhaltigen Prozessen, die damals einsetzten,
wie der Güteraustausch auf dem Land- und Seeweg.

Wo Menschen eng mit ihren Nutz- und Haustieren zusam-
menleben und wo auch Nager ein Auskommen haben, adap-
tieren sich auch Mikroorganismen und Viren. Ebenso wie sich
einige der gefährlichsten Erreger von Infektionskrankheiten damals dem menschlichen Wirtsorganismus anpassten, änderten
auch nützliche Mikroorganismen ihr Erbgut, um die durch neue
Lebensmittel wie Getreidebrei oder Milch geschaffenen öko-
logischen Nischen zu nutzen. Milchsäurebakterien verloren beispielsweise im Laufe der Zeit infektionsrelevante Gene und
spezialisierten sich auf die Verwertung von Milchzucker. Die
Back- und Brauhefe *Saccharomyces cerevisiae* verbesserte ihre
Fähigkeit, Malzzucker zu verwerten, der in freier Natur zu den
seltensten Zuckern überhaupt zählt. Es gibt gar Indizien dafür,
dass der Mensch selbst durch Selektion diesen Prozess gesteuert
und beschleunigt hat. Er domestizierte also Mikroorganismen,
um verträgliche und gesunde Lebensmittel herzustellen. Das
Zeitalter der geplant vergorenen Getränke hatte begonnen.

Die ersten Brauer

Schon Jäger und Sammler waren in der Lage, Getränke mit
höherem Alkoholgehalt als dem reifer Früchte (bis zu 0,9 %)
herzustellen. Aber zum Bierbrauen mussten fünf Bedingungen
erfüllt sein: 1) die Verfügbarkeit geeigneter Getreidesorten,
2) ein Verfahren, Getreidestärke effizient in Zucker umzuwandeln, 3) eine geeignete Energiequelle, 4) die Verfügbarkeit von
alkoholbildenden Hefen (Früchte, Honig, Sauerteig) und 5) stabile Gefäße für Herstellung, Lagerung und Transport. All diese

Voraussetzungen waren mit Sicherheit erst um 7000 v. Chr. gegeben. Getränkerückstände aus dem China des 7. vorchristlichen Jahrtausends belegen, dass die ersten Biere neben Getreideresten auch Früchte, vielleicht Honig, und würzende oder berauschende Pflanzenbestandteile enthielten.

Spätestens um diese Zeit nahmen in den verschiedenen Kulturen ganz unterschiedliche Biertraditionen ihren Anfang, die von den jeweiligen domestizierten Getreidearten und der verfügbaren Technologie bestimmt wurden. Reis, Hirse und Sorghum sind die wichtigsten Getreidesorten in Afrika und Asien; sie wurden dort seit ca. 8000 v. Chr. kultiviert. Damals war in diesen Regionen auch bereits die Fähigkeit zur Herstellung von feuerfesten Tonwaren und deren Einsatz als Kochgeräte verbreitet. So war es möglich, aus Getreide durch Kochen Grütze oder Brei herzustellen. Anders im *Fruchtbaren Halbmond*, wo zur Zeit der Kultivierung und Domestizierung von Wildgetreide (ca. 9500 v. Chr.) noch keine Keramik (erst ab ca. 7000 v. Chr.) produziert wurde. Dort wurde das Getreide zu Mehl zerrieben und der Teig zunächst an der Sonne, später auf heißen Steinen oder Öfen zu Brot gebacken. So differenzierten sich einerseits Brot- und andererseits Breikulturen, die dann auch unterschiedliche Biere hervorbrachten (Tabelle 1).

Das älteste Verfahren zur Verzuckerung von Getreidestärke beruhte auf der im menschlichen Speichel enthaltenen Amylase. Dem Kauen der Körner ist vermutlich eine thermische Behandlung des Getreides, z. B. durch Rösten, vorausgegangen, um dadurch toxische Schimmel und Bakterien zu inaktivieren und die Körner mürbe zu machen. In den Andenregionen wird Kauen/Bespeicheln noch heute zur Herstellung lokaler Biere wie Chicha genutzt. In der altisländischen Edda lesen wir, dass der Speichel der Götter für die Herstellung des Rauschgetränks Kvasir eingesetzt wurde, und in der altfinnischen Kalevala spielt der Bärenspeichel bei der Bierherstellung eine Rolle – die Technik war demnach weitverbreitet. Sogar in Japan wurde wohl für die Erzeugung der ersten Reisbiere Speichel verwendet. Für die Herstellung von Bier in größeren Mengen taugt die Bespeichelung aber nicht. Die dafür entwickelten komplexeren Verfahren zur

Stärkeverzuckerung (siehe Tabelle, S. 23) orientieren sich an den angebauten Getreidearten.

Die im Nahen Osten bevorzugten Gersten- und Weizenarten bilden im Gegensatz zu anderen Getreidesorten bei der Mälzung große Mengen stärkeabbauender Enzyme. Dort wurde also Malz zur Würzebereitung verwendet. Im Fall von Reis, Mais, Hirse und Sorghum muss wieder anders vorgegangen werden. In Asien haben sich Verfahren durchgesetzt, wo gekochter zerkleinerter Reis mit einem Schimmel beimpft wird, der die benötigten Enzyme ausscheidet. In Afrika werden häufig Kombinationen von Malz und Milchsäurebakterien verwendet.

Eine zweite Herausforderung ist die Auswahl geeigneter Starterkulturen für die Gärung. Auf Getreide finden sich keine alkoholbildenden Hefen, denn dort gibt es keine für sie verwertbaren Zucker. Die Hefe musste ursprünglich also aus einer anderen Quelle kommen. Ganz zu Beginn nahm man reife Früchte oder Fruchtsäfte, in denen sich Hefen vermehrten. Auch nutzte man den Umstand, dass viele Früchte Säuren enthalten, die den pH der Würze absenken und zum Teil auch bakteriostatisch wirken; so finden sich in Rückständen früher Biere auch Reste von Weintrauben. Traubensaft mit einer hohen Hefedichte (Most) war also von großer Bedeutung. Andernorts erfüllten Honig oder Dattelsaft diesen Zweck. Wo überhaupt keine Früchte erhältlich waren, wurden Getreideprodukte mit einer Mischung aus Wildhefen und Milchsäurebakterien fermentiert. Diese Kulturen konnten bei Bedarf durch Trocknen oder Backen haltbar gemacht werden. Alternativ wurde hefereiche Flüssigkeit aus dem Gärbottich mit Mehl zu einem Teig verarbeitet und das daraus hergestellte Brot leicht angebacken oder getrocknet, um die Gärorganismen in vermehrungsfähiger Form aufzubewahren.

Für das Bierbrauen sind bis heute Milchsäurebakterien fast ebenso wichtig wie Hefen. Sie produzieren Milchsäure, die den pH-Wert der Würze abzusenken vermag und so ein zwar für Hefen optimales Milieu erzeugt, aber eben auch eines, das das Wachstum vieler Bakterien hemmt. Auch wo gärende Fruchtsäfte zum Beimpfen der Würze eingesetzt wurden, arbeitete man seit dem 3. Jahrtausend v. Chr. mit getrockneten *sauren* Getreidebreien oder, in den Gesellschaften der *Brotkultur*, mit Bierbroten aus Sauerteig als Gärungsstartern. Spätestens an diesem Punkt nahm die Brautechnologie einen anderen Weg als die Vinifikation – die Weinherstellung –, bei der Milchsäurebakterien allenfalls nach der alkoholischen Gärung eine Rolle spielen.

Varianten der Bierherstellung

Stärkequelle	Stärke → Zucker	Zucker → Alkohol	Beispiel
Mais, Cassava, Yucca-Palme, (Gerste)	Speichelamylase (Kauen)	Gärung (*Saccharomyces*-Hefe)	Südamerika Andenbiere (Chicha), Brasilien (Kaschiri), Mosambik (Masata), (Kvasir der Edda)
Gerste, Weizen, Roggen, Hafer	Mälzen, Würze	Gärung (*Saccharomyces*-Hefe)	Europa (Bier)
Reis, Cassava	Oberflächenfermentation mit Schimmel *(Amylomyces [Mucor] rouxii)*	Gärung (*Endomycopsis fibuliger* Hefe)	Indonesien (Tape ketan, Tape ketella)
Reis	Koji *(Aspergillus oryzae)*	Gärung (*Saccharomyces*-Hefe)	Japan (Sake)
Sorghum, Hirsen	Malz, Getreideprodukte fermentieren (Hefen, Milchsäurebakterien, Sauerteig)	Fermentieren (Hefen, Milchsäurebakterien)	Afrika: Ruanda (Ikigage), Benin (Tchoukoutou), Chad (Bili bili), Ghana (Pito), Südafrika (Kaffir), Sudan (Merissa) usw.
Weizen-, Roggen-, Gerstenbrot, Sauerteig	Malzzugabe	Fermentieren (Hefen, Milchsäurebakterien)	Ägypten (Bouza), Russland (Kvass)

3. Sonne und Feuer: Bierbrauen im Altertum

Mesopotamien – Brot und Bier

Nach dem jüdischen Kalender fand die Schöpfung der Welt im Jahr 3761 v. Chr. statt, und etwa gleichzeitig beginnt der Maya-Kalender. In der fruchtbaren Tiefebene zwischen Euphrat und Tigris ist zu dieser Zeit bereits seit langem eine sesshafte Lebensweise verbreitet; viele Menschen wohnen sogar in großen Städten, die Kennzeichen der akkadischen und sumerischen Kultur sind. In diesen Zentren haben sich säkulare und kirchliche Verwaltungen etabliert, die für ihre Buchhaltung wohl seit etwa 3200 v. Chr. Schriftzeichen nutzten. Schon diese frühen Schriftzeugnisse enthielten Symbole für Gerste, Malz und Bier, wobei Letzteres als gefüllter Tontopf dargestellt wurde. Eine zentrale Aufgabe der Bürokratie war die Verteilung der Getreideernte, bei der man in der Regel das 15- bis 30-fache der Aussaat einbrachte. Angebaut wurden Einkorn, Emmer und zweizeilige Gerste. Emmer und Gerste waren auch Bestandteile von frühen sumerischen Bieren. Zwischen 2900 und 1600 v. Chr. änderte sich dann das Anbauspektrum. Sechszeilige Gerste wurde zum dominanten Getreide in Mesopotamien und machte 70–98 % des Getreideanbaus aus. Biere aus der Zeit der III. Dynastie von Ur (2110–2003 v. Chr.) enthielten deshalb keinen Emmer mehr.

Dass von allen Getreidearten im Anbau gerade der Gerste der Vorzug eingeräumt wurde, resultierte daraus, dass sie sowohl für die Nahrungsmittelproduktion als auch als Futter für Zugtiere taugt. Gerste war nicht nur ein gängiges Zahlungsmittel, sondern geradezu ein Schlüsselsymbol der mesopotamischen Kultur. Das zeigt sich z. B. im Sprichwort: «*Der Reiche, der Gold besitzt, der Mann, dem Lapislazuli gehört, er, der Ochsen sein Eigen nennt und jener, der Schafe besitzt, sie alle warten am Tor auf den, der Gerste hat.*» Wie der Gerste selbst, so kam auch ihren Produkten Brot und Bier zentrale Bedeutung zu. Das zeigt sich im Gilgamesch-Epos, in dem der kulturlose Mensch aus der Steppe, Enkidu, durch die Prostituierte Shamchat zivilisiert wird. «(Denn) *Brot zu essen hatte er nie erlernt, und Bier zu trinken blieb ihm unbekannt. Die Dirne sagte zu Enkidu: Iss doch, Enkidu, vom Brot, das zu den Menschen gehört! Trink doch, Enkidu, vom Bier, das dem Kulturland bestimmt!*» (Übs. Stefan M. Maul) Brot und Bier waren demnach wichtige Merkmale menschlicher Kultur. Keilschriftliche Urkunden aus der Zeit um 2400 v. Chr. erwähnen drei Biersorten, die für den Palast und die Leute von Lagaš hergestellt wurden. Natürlich wandelten sich in den folgenden fast 2000 Jahren mesopotamischer Braugeschichte Herstellmethoden und Produkte.

Archäologische Belege für das Bierbrauen in Mesopotamien finden sich in Tall Bazi in Nordsyrien. Dort gruben die Archäologen Otto und Einwag etwa 50 Häuser aus, die gleichermaßen Wohn- wie Handwerkszwecken dienten. In nahezu jedem Haus fand sich, zumeist an der gleichen Stelle, ein großes, tonnenförmiges Gefäß. Es stellt das größte Gefäß des Hauses dar, hat eine weite Mündung und ist oft in den Boden eingelassen, war also immobil und nur schwer zu reinigen. Diese Gefäße müssen zur Aufnahme von Bier gedient haben. Dieser Fundhorizont und die Schriftfunde erlaubten mit naturwissenschaftlichen Betrachtungen folgende Rekonstruktion. Ein wichtiger Bestandteil auch der mesopotamischen Bierherstellung war das Malz (in Klammern die sumerischen Begriffe, hier *munu*), das in den Lehmhäusern unter idealen und gleichbleibenden Temperaturen geweicht werden und keimen konnte. Zum anschließenden Trocknen reichten die begehbaren Flachdächer völlig aus. Das Malz wurde mit Sattelmühlen geschrotet und anschließend mit einer Art Emmermehl (*imgaga*) und zerkleinertem Sauerteigbrot (*babir*) in einem Lochbodengefäß eingemaischt. Die nur kurz in den kleinen Brotbacköfen angebackenen Brote enthielten noch ausreichend lebensfähige Milchsäurebakterien und Hefen, sodass die Fermentation sofort mit dem Einmaischen einsetzte. Es handelt sich dabei um ein Kaltmaischverfahren, bei dem nicht zusätzlich erhitzt wird. Nach etwa einem Tag wurde das Lochgefäß am Boden geöffnet und die gärende, geklärte Würze floss als Bier (*kas kal*) in die etwa 200 l fassenden Biergefäße. Geklärt hat sich die Maische von selbst, da die unlöslichen Bestandteile als Treber (im feuchten Zustand *titab*) in dem Lochbodengefäß übrig blieben. Maischen, Gären und Filtrieren fanden also in einem Prozess statt. Dieses Bier enthielt aber noch viel unmodifizierte Stärke aus dem ungemälzten Emmermehl (immerhin ein Drittel des Rohstoffvolumens), stärkeabbauende Enzyme sowie Hefen und Milchsäurebakterien. Der Maisch-/Gärprozess lief also weiter und der Charakter des Biers änderte sich von Tag zu Tag, so wie wir es heute noch von den afrikanischen *opaque beers*, aber auch vom Kwass und Federweißen kennen. Dadurch wurde die Stabilität des Biers deutlich erhöht.

Das Bier war relativ stark und hell. Es wurde wohl von der Oberschicht konsumiert und bei wichtigen Opferriten eingesetzt. Ein dunkleres, minderwertigeres Bier (*kas gegge*) wurde mit dem im Lochbodengefäß verbliebenen Treber (*dida*) hergestellt. Die Farbzunahme war eine Folge der Oxidationsprozesse und der Auslaugung der gerbenden Bestandteile der Treber. Für die Herstellung des dunklen Biers wurde zu gleichen Teilen wieder Malzschrot, getrockneter Treber und das Sauerteigbrot genommen.

In getrocknetem Zustand wurden Treber als *dida* bezeichnet. Dida ist im Grunde ein *Instantbier*, das z. B. Diplomaten und Boten auf ihre Reisen mitgegeben wird, damit sie unterwegs schnell ein Bier ansetzen konnten.

Dieses, aus archäologischen Funden rekonstruierte Brauverfahren wird durch den Hymnus an Ninkasi aus dem 18. Jh. v. Chr. bestätigt. Ninkasi ist die Biergöttin. Nach einer Neuübersetzung von Walther Sallaberger wird zu Beginn der Hymne die Stadt mit süßen Honigwaben verglichen und als Ort des Bierbrauens und der Bierkultur beschrieben. Der Hymnus endet mit einem Trinklied, in dem festgestellt wird, dass Bier «*unsere Laune* (wörtl.: Leber) *verbessert, unser Herz erfreut*». Darüber hinaus wird das Backen der Sauerteigbrote, das Maischen und das Blubbern des gärenden Biers sehr bildreich und chronologisch richtig beschrieben.

Konsumiert wurde das mesopotamische Bier aus großen Gefäßen durch Trinkrohre mit einem Filter aus gelöchertem Knochen oder Metallblech am unteren Ende. Das verhinderte zum einen, dass ungewollt Spelzen oder andere Partikeln mit dem Bier aufgesogen wurden. Zum andern steigerte es die Wirkung des Alkohols. Die älteste Darstellung von Biertrinkern mit solchen Trinkröhrchen findet sich auf einem Stempel aus dem 4. Jahrtausend v. Chr. aus Tepe Gawra. Zahlreiche mesopotamische Rollsiegel zeigen Biertrinker mit solchen Trinkröhrchen. Ein Saugrohr aus Bronze aus der hethitischen Tempelbrauerei in Kuşakli-Sarissa (2. Hälfte des 16. Jh.s v. Chr.) belegt neben zahlreichen anderen Hinweisen, dass man auch in Anatolien mit der sumerisch-akkadischen Brautechnik wohlvertraut war.

Noch im 4. Jh. v. Chr. machte der Historiker und Berufssoldat Xenophon in einer unterirdischen anatolischen Behausung folgende Beobachtung: «*Daneben wurde ein Wein, der aus Gerste hergestellt wird, in sehr großen Gefäßen aufbewahrt. Im Gebräu schwammen Malzkörner und Spelzen bis zum Rand. Drinnen fanden sich auch Strohhalme, manche kurz und manche lang, ohne Gelenke, und wer durstig war, nahm sich einen und saugte. Das unverdünnte Getränk war sehr stark und von gutem Geschmack.*» Im Wrack eines um 1400 v. Chr. vor der kleinasiatischen Südküste bei Uluburun gesunkenen Handelsschiffs hat man gleichfalls Reste eines Trinkrohrs entdeckt. Aber auch im Jordantal wurden zahlreiche Reste von bronzezeitlichen Trinkröhrchen gefunden. Sie sind fester Bestandteil einer Bierkultur, die sich bis heute in vielen Regionen Afrikas und ihren bereits erwähnten *opaque beers* erhalten hat.

Neben Trinkröhrchen gab es auch Trinkschalen, z. B. für Trankopfer. Im Hymnus für die Göttin Nanshe heißt es: «*Ich will eine Trinkschale vor Dich hinsetzen, ich will das Bier für Dich klären.*» Bier hatte in der mesopotamischen Gesellschaft eine doppelte Funktion: So war es zum einen für die Feste unverzichtbar, die immer einen staatstragenden und religiösen Hintergrund hatten. Infolgedessen wurden in Palästen und Tempeln Braustätten angelegt und mit professionellem Personal betrieben. Zum anderen war Bier für die ganz große Mehrheit der Bevölkerung praktisch das einzige Getränk. Es komplettierte die Mahlzeit, die für den Durchschnittsbürger aus Gerstenbrot und einer salzigen Suppe bestand. Schätzungsweise wurden 40% der gesamten Getreideernte für das Bierbrauen verwendet.

Bier diente aber natürlich auch dem Vergnügen. In den Schenken wurden unter Aufsicht der Wirtin neben Bier auch Liebesdienste angeboten. Was in diesem Milieu vor sich ging, erregte natürlich den Argwohn der Obrigkeit, und so finden sich in der ältesten bekannten kodifizierten Gesetzessammlung auf einer Basaltstele des Königs Hammurabi aus dem 18. vorchristlichen Jh. nicht weniger als vier Paragraphen, in denen es um die Bezahlung des Biers geht.

Eine bedeutende Rolle spielten die verschiedenen Biere zudem in der mesopotamischen Medizin. Die Produkte wurden sowohl für innere wie äußere Anwendungen (z. B. Wickel) verwendet. Sie dienten aber auch als Opfergabe bei Zeremonien zur Versöhnung der Götter – da in der altorientalischen Weltsicht jede Schicksalswendung mit Gunst und Ungunst der Götter zusammenhing, stellten diese Versöhnungsrituale stets eine wichtige Komponente der medizinischen Behandlung dar. Selbst Tierärzte, «*Heiler von Ochs und Esel*», verwendeten Bier als Basis für ihre Medikationen.

Von der so lebendigen mesopotamischen Bierkultur ist wenig auf uns überkommen. Die Kernregion des mesopotamischen Brauwesens lag – von wenigen Jahrzehnten in der Anfangsphase des Hellenismus (336–31 v. Chr.) abgesehen – außerhalb des makedonisch-griechischen bzw. später römischen Machtbereichs auf verfeindetem parthischem bzw. später sassanidischem Gebiet, weshalb die dortigen Entwicklungen nur ausnahmsweise zur Kenntnis genommen wurden. Lediglich in der jüdischen Kultur, geprägt durch das babylonische Exil und die talmudische Tradition der bedeutenden Gemeinden zwischen Euphrat und Tigris mögen sich Elemente der mesopotamischen (aber auch der ägyptischen) Bierkultur erhalten haben.

Ägypten – das Rätsel der Fermentation

Im antiken Ägypten, der zweiten großen alten Getreidekultur, entstand im Neolithikum (Jungsteinzeit) eine eigene Biertradition, die das Land über drei Jahrtausende prägen sollte. Ägypten, so sagte man, sei das Geschenk des Nils. Zwar waren seine Ufer nur sehr begrenzt als Transportwege nutzbar, aber der langsam fließende Fluss konnte mit Segelschiffen wegen der meist aus nördlicher Richtung wehenden Winde auch gegen die Strömung und nicht nur stromabwärts befahren werden. So erlangte das Schiff bei den Ägyptern eine herausragende, auch religiöse Bedeutung, und auch die ägyptische (Brot-)Kultur breitete sich so weit nach Süden aus, als der Fluss schiffbar war. Als Transport- und Informationssystem wurde der Nil zur Schlagader eines zentral regierten Nationalstaats. Alljährlich trat der Strom über die Ufer. Wenn sich diese sogenannte Nilschwelle, verursacht durch die gewaltigen Regenfälle an den Oberläufen des Nils, zurückzog, hinterließ sie große Mengen an fruchtbarem Schlamm zu beiden Seiten des Flusses. Auf diesem Boden konnten große Getreideüberschüsse produziert werden. Ägypten war in der Antike das Getreideland par excellence. Das äußerte sich zum Beispiel im Kult des ägyptischen Totengottes Osiris. Er stand in engem Zusammenhang mit Aussaat und Ernte von Getreide, insbesondere von Emmer und Gerste. Bei seinen Mysterien spielte das symbolische Aufhacken der Erde eine Rolle. In Texten, die man auf Sarkophagen fand, wird die Auferstehung des Verstorbenen mit dem Sprießen der Gerste aus dem Körper des Osiris verglichen. Bereits in der Zeit der klassischen Antike wurde Osiris dann zum «Biergott» und von den Geschichtsschreibern Herodot (5. Jh. v. Chr.) und Diodor (1. Jh. v. Chr.) sowie dem universalgebildeten Plutarch (um 45 – nach 120 n. Chr.) mit dem griechischen Gott Dionysos – seiner Geschichte und Funktion nach durchaus vergleichbar – identifiziert. Diodor berichtet sogar ausführlich, dass Osiris/Dionysos die Menschen gelehrt habe, aus Gerste ein Getränk zu bereiten, das im guten Geschmack und in seiner Stärke dem Wein kaum nachstehe. Dieser Mythos hat sich über Jahrtausende erhalten, und in den fiktiven Entstehungsgeschichten des Bierbrauens, mit denen Schriftsteller der Renaissance Deutschland als Ursprungsgebiet der Bierherstellung ausweisen wollten, gelangen Osiris und dessen Gemahlin Isis gar nach Zentraleuropa und lehren die Einwohner Getreidebau und Bierherstellung.

Schon in frühen ägyptischen Inschriften werden stets drei Getreide genannt: bote (bet, *bd.t*), coyo (*sw.t*) und lōt (*jt*). Lōt ist die (sechszeilige) Gerste, bote (kurzbegrannter Emmer) und coyo (Brot-/Nacktweizen) sind Weizenarten. Diese Getreide wurden auch zum Brauen verwendet. Das Bier spielte im ägyptischen Alltag eine ebenso zentrale Rolle wie in Mesopotamien. Es war ein wichtiger Bestandteil der Ernährung und diente als Entlohnung und Maß für den Wert von Gütern. In den Reisner Papyri aus dem 2. Jahrtausend v. Chr. besteht eine Rechnungseinheit (Portion) aus Bier, Brot und Kuchen; die Tagesration für einen Arbeiter umfasste acht solche Rechnungseinheiten. Als die Königin Hatschepsut (ca. 1495–1457 v. Chr.) eine Schiffsexpedition über das Rote Meer in das *Goldland Punt* aussandte, boten die Ägypter unter den typischen Produkten ihres Landes auch Bier zum Tausch an. Bier und Brot waren die Symbole für Wohlstand, Glück und Zufriedenheit. Sie spielten sogar im Totengericht eine Rolle, vor dem der ägyptischen Religion zufolge über das ewige Leben entschieden wurde. Der Gott Horus selbst führt dort den Toten vor Osiris und verkündet: «*Ich bringe Dir hier den NN, dessen Herz gerecht aus der Waage hervorgegangen ist ... seine Gerechtigkeit ist ganz und gar bezeugt. Brot und Bier, das vor Osiris geliefert wird, soll ihm zuteilwerden.*» Auch im religiösen Ritus war Bier als Grabbeigabe, als rituelles Getränk bei Gottesdiensten und als Trankopfer unverzichtbar. Eine gängige Opferformel lautet «*Tausend an Brot, tausend an Bier.*» Nicht zuletzt waren auch in Ägypten die verschiedenen Biersorten wichtige Arzneigrundstoffe. So diente ein süßes Bier (mit Johannisbrotschoten) als Grundlage für viele oral applizierte Medizinen, während andere Biere für Einläufe und Wurmmittel hergestellt wurden.

Das Bierbrauen lässt sich in Ägypten bis in das 4. Jahrtausend v. Chr. zurückverfolgen. Unter den ersten ägyptischen Hieroglyphen findet sich ca. 3200 v. Chr. eine Zeichenfolge für Bier, und dieses Wort hat sich bis ins Koptische erhalten. Figürchen von Menschen an einem Kessel aus der frühägyptischen Negade-Kultur des 4. Jahrtausends v. Chr. entsprechen der charakteristischen ägyptischen Darstellung von Brauern; und an elf Orten wurden Relikte von Brauereien aus dem 4. und 3. vorchristlichen Jahrtausend ausgegraben.

Die ersten Biere wurden wohl nur aus Emmer, Gerstenmalz, Datteln und Weizenmehl hergestellt. Später, als Nacktweizen den Emmer abgelöst hatte, spielte die Gerste wohl als Enzymquelle, aber auch dank ihrer Spelzen als Filtrationshilfe eine Rolle. Darauf weist eine Inschrift an der bildlichen Darstellung des Brauens aus dem Grab des Mehu (um 2350 v. Chr.) hin, wo eine Arbeiterin am Reibestein sagt: «*Dieses (Malz) wird nicht unter den Mühlstein gehen!*» Das Malz sollte also nicht fein zerrieben, sondern im Mörser nur grob zerstampft werden, damit die Spelzen möglichst intakt blieben. Welche Arbeitsschritte für die Bierherstellung nötig waren und wie sich der Prozess genau vollzog, wird bis heute kontrovers diskutiert. Bei den im Laufe von über 4000 Jahren immer wieder verbesserten ägyptischen Brauprozessen handelte es sich um sogenannte Kaltmaischverfahren, bei denen verschiedene Brotsorten eine wichtige Rolle spielten. Bäckerei und Brauerei waren in Ägypten immer räumlich verbunden. Zwei Brottypen spielten im Zusammenhang mit dem Brauen eine wichtige Rolle: Fladenbrot und Sauerteigbrot. Das Fladenbrot diente wohl in erster Linie als leicht zu verzuckernde Stärkequelle, weil durch die Verarbeitung des Getreides – Mahlen, Anteigen und Erhitzen – darin die Stärkemoleküle gut zugänglich waren. Das charakteristische kegelförmige Sauerteigbrot lieferte hingegen die Milchsäurebakterien zur Würzesäuerung und auch schon die ersten Hefen. Dattelmus spielte vermutlich als Hefequelle und als Würze eine Rolle. Der «Moskauer Papyrus» von ca. 1850 v. Chr. – wohl das Ergebnis einer Rechenprüfung, die ein angehender Beamter abzulegen hatte – enthält auch eine Aufgabe zum Mischungsverhältnis zwischen Malz und Dattelmus. Elektronenmikroskopische Aufnahmen von ägyptischen Bierresten belegen zudem, dass die Ägypter mit erstaunlich sauberen Hefekulturen gearbeitet haben. Am Ende des Brauens wurde das Bier in mit Ton frisch ausgestrichene Gefäße gefüllt. Diese wurden mit Tondeckeln verschlossen und mit Ton versiegelt. Es ist anzunehmen, dass darin noch eine Nachgärung und eine Klärung stattfanden. Getrunken wurde das Bier nach Öffnung der Krüge aus Schalen.

Seit Ende des 3. Jahrtausends v. Chr. wurden den Toten Figuren mit ins Grab gegeben, die detailgetreu Arbeiter darstellen. Diese sollten anstelle der Verstorbenen im Jenseits deren Arbeiten erledigen. Solche «Uschebtis» stellen auch Bäcker und Brauer dar, und ihre Aufbewahrungskästen sind den räumlich verbundenen Bäckereien und Brauereien nachempfunden.

Im neuen Reich (ab ca. 1550 v. Chr.) nahm der Weinkonsum in Ägypten auf Kosten des Biers zu. Im Jahr 332 v. Chr. eroberte Alexander der Große Ägypten und leitete damit die Integration Ägyptens in den hellenistischen Kulturkreis ein. Die Bedeutung des Weins als ein wichtiges Getränk der Oberklasse nahm weiter zu. Nachdem sich die hellenistische Herrscherdynastie der Ptolemäer (321–31 v. Chr.) in Ägypten etabliert hatte, wurden Bierherstellung und Bierverkauf zunehmend reguliert und zuletzt verstaatlicht. Brauer (Zytopoios) und Bierhändler (Zytopolion) wurden in Korporationen organisiert. Die fortan staatlichen Brauereien (Zyturgion) hatten für diese Zeit beachtliche Kapazitäten. Die in Philadelphia verarbeitete 254 v. Chr. zwölf Artaben (ganz grob: 350–400 kg) Gerste pro Tag. Unter dem Vorwand, den Alkoholmissbrauch zu bekämpfen, wurde schließlich eine Biersteuer und schließlich noch eine Bier-Verbrauchs-(wörtlich Kopf-)steuer eingeführt, die in Bier oder Geld an die Steuerpächter, meist Brauer, zu entrichten war.

Bier war das ägyptische Volksgetränk schlechthin. Tontäfelchen aus dem 1. Jh. n. Chr. aus Tebtynis, die man als Freibiermarken interpretieren mag, belegen, dass die örtlichen Vereine bei ihren Versammlungen zwischen 80 und 130 Liter, also ca. drei Liter pro Person, getrunken haben.

Das ägyptische Bier, Zytos, blieb in der klassischen Antike das wichtigste Bier und wurde zum Synonym für Bier an sich. Das Wort Zytos findet sich auch in vielen späteren Schriften zum Thema Bier bis auf unsere Zeit. Der weltweit vertraute Begriff *Enzym*, abgeleitet von der ägyptischen Bezeichnung *zyme* für den Bier-Sauerteig, legt Zeugnis davon ab, welch bedeutenden Fortschritt in der menschlichen Technologiegeschichte die ägyptische Bierbrauerei mit sich gebracht hat.

Die Kelten – oder Die Kunst, in der Kälte zu brauen

Zwischen 7000 und 5000 v. Chr. war die heutige Sahara grünes Grasland. Das warme und feuchte Klima dieser Zeit erlaubte die Ausbreitung einer agrarischen Lebensweise. Kreta, das griechische Festland und das Niltal wurden dauerhaft besiedelt. Beschleunigt durch einen erneuten Klimawandel im 7. vorchristlichen Jahrtausend breitete sich die sesshafte Lebensweise entlang Donau und Rhein bis nach Zentraleuropa aus, während sie die Küsten Spaniens wohl über das Mittelmeer erreichte. Dabei verlief wahrscheinlich die Ost-West-Ausbreitung schneller als jene in Süd-Nord-Richtung, weil sich bei Letzterer Menschen, Pflanzen und Technologien an das rauere Klima mit kürzeren Vegetationszeiten anpassen mussten. Auch die mediterrane, auf hohen Getreideerträgen und Sonnenenergie basierende Brautechnologie war nicht auf Zentraleuropa übertragbar. Die Ackerbauern Mitteleuropas mussten also die Bierherstellung auf ganz anderer Basis betreiben als ihre anatolischen Vorfahren. Wegen der geringeren Ernteerträge spielte die Optimierung der Ausbeute eine große Rolle. Die wichtigste Veränderung war die Nutzung neuer Energiequellen. Bei den kühlen Temperaturen und kürzeren Sommern war Mälzen und Maischen allein mit Sonnenenergie nicht mehr möglich. Grünmalz wurde mit Holz, Torf oder Kohle getrocknet. Das Einmaischen konnte über dem Herdfeuer oder durch Einbringen von speziellen, bis zur Rotglut erhitzten feuerfesten Steinen in die Maische erfolgen. Auch die Gärungs-Starterkulturen und die Gärungstechnologie mussten den neuen Verhältnissen angepasst werden. Große Tongefäße waren im Norden zunächst nicht in solchen Mengen verfügbar, wie sie die Bierherstellung erforderte. Im Übrigen arbeiten auch an niedrigere Temperaturen angepasste Mikroorganismen in kühler Um-

gebung langsamer, sodass die Gärung länger dauert. Das erhöht – in gewisser Weise – die Gefahr einer Kontamination. Ein
niedriger pH-Wert und geeignete Pflanzenzusätze wirkten einst
solchen Verunreinigungen durch Mikroben entgegen. Auch
konnte die Haltbarkeit durch Zugabe von Kräutern verbessert
werden, sodass pflanzlichen Bierwürzen für Geschmack und
Qualität fortan ein hoher Stellenwert zukam. Deshalb wurden
neue Bierzusätze erprobt: So konnten beispielsweise Erika, Gagel
oder Bilsenkraut als Inhaltsstoffe nordeuropäischer Biere schon
für die Bronzezeit nachgewiesen werden.

Wann, wo und in welchen Schritten diese Anpassung vor sich
gegangen ist, können wir nicht mehr rekonstruieren. Funde aus
dem 3. vorchristlichen Jahrtausend weisen auf die Herstellung
eines Getränks aus vermälztem Getreide hin. Sehr viel Genaue-
res erfahren wir erst aus der Eisenzeit. Mitteleuropa war seit
dem 8. Jh. v. Chr. von den Kelten besiedelt. In keltischen Dörfern
in Spanien, Frankreich und Schwaben wurden vermälzte Gerste
und Einrichtungen zur Trocknung des gekeimten Getreides aus
dem 5. Jh. v. Chr. gefunden. Zur Trocknung kleiner Grünmalz-
mengen diente dabei ein spezieller Ofen mit einem eingezogenen
Lochboden; größere Mengen ließ man in einem Graben keimen
und trocknete sie dann mit duchgeleiteter heißer Luft. Die Kelten haben also eine Technologie entwickelt, um mit Hilfe des
Feuers zu brauen. Es ist festgestellt worden, dass sich die Bezeichnungen für Malz und Mälzungstechnologie in Europa von
West nach Ost verbreitet haben. Die keltische Bezeichnung für
Malz fand wahrscheinlich schon in vorgeschichtlicher Zeit Eingang in den germanischen Sprachraum und im Folgenden in die
slawischen Sprachen, ins Finnische und Magyarische.

Die Kelten waren den Berichten antiker Schriftsteller zufolge
große Biertrinker. Es gab bei ihnen zwei große Bierkulturen:
die der zentraleuropäischen Kelten, zu denen man auch Bri-
ten, Schotten und Iren zählt, und die der Keltiberer in Spanien.
Der griechische Geschichtsschreiber Poseidonios (etwa 135–51
v. Chr.) berichtet über eine keltische Versammlung: «*Das Getränk der Oberklasse ist importierter Wein aus Italien oder Mar-
seille. Die Mittelklasse trinkt Weizenbier mit Honig, aber die*

meisten (Unterklasse) trinken einfaches Bier, das curma genannt wird. Sie benutzen einen Becher gemeinsam, trinken daraus in kleinen Schlucken, nicht mehr als einen Mund voll, aber sie trinken regelmäßig.» Es gab also zwei Biertypen in Gallien. Das Getränk der armen Leute, *curma*, wurde aus Gerste gebraut. Alle Autoren sind sich darüber einig, dass es irgendwie faulig schmeckte. Ein berühmtes Epigramm des Kaisers Julian Apostata (331–363 n. Chr.) über die zwei Erscheinungsformen des Rauschgottes Dionysos, von denen der Bier-Dionysos (Sabaios) nach Bock stinke, bezieht sich wohl auf curma. Trotzdem scheint curma weit verbreitet und beliebt gewesen zu sein. Eine keltische Inschrift auf einer bei Autun gefundenen Spinnwirtel aus dem 1. vorchristlichen Jh. lautet: «*Schöne Maid – gutes Bier* (curmi)». Die keltische Mittelklasse trank Weizenbier mit Honig. Bei dem Weizenbier handelte es sich um die bekannte *cervesia*, die bis heute synonym für Bier steht. Der Name ist – entgegen vielen anderslautenden Deutungsversuchen – keltischen Ursprungs. Daneben gab es noch eine Reihe anderer Biertypen. Dem *curma* und dem *cervesia* entsprechen bei den spanischen Keltiberern das Gerstenbier *cerea* und das Weizenbier *celia*, über deren Herstellverfahren wir aber nichts Genaues wissen. Sie dürften sich nicht wesentlich von dem für *cervesia* und *curma* unterschieden haben. Auch bei den Kelten waren Backen und Brauen miteinander verbunden. Der römische Gelehrte Plinius d. Ältere (24–79 n. Chr.) berichtet, dass jene den Bierschaum nicht nur zur Gesichtspflege bei den Frauen, sondern auch zum Brotbacken verwenden – das Resultat war ein sogar nach römischen Maßstäben besonders leichtes und haltbares Gebäck.

Dionysos und die Barbaren: Die griechisch-römische Antike

War im Gilgamesch-Epos der Biergenuss noch das hervorstechende Kennzeichen für eine zivilisierte Lebensart, so galt in der veröffentlichten Meinung der Griechen wie der Römer (und Christen) der Biertrinker als verachtenswerter Barbar. Dieses Verdikt hat im Wesentlichen 1) ökonomische, 2) soziologische und 3) moralphilosophische Gründe.

1) Weder das klassische Griechenland noch das antike Italien waren Getreideexporteure. Zwar wurde in Griechenland Gerste angebaut, aber angesichts wenig ertragreicher Böden wurden keine Überschüsse erzielt. Zahlreiche archäologische Fundstücke belegen, dass in minoischer und mykenischer Zeit (3. bis 2. Jahrtausend v. Chr.) auf Kreta Bier aus Getreide, Most und Met (Honig) getrunken wurde. Auch auf dem griechischen Festland hat es in vorklassischer Zeit ein Bier, *Pinon*, gegeben, das herzustellen auch in späterer Zeit nie ganz aufgegeben wurde. Ein bierähnliches Getränk mit Minzezusatz war auch der Kykeon, der bei den Eleusinischen Mysterien gereicht wurde. Diese Getränke sind aber für den antik-griechischen Alltag nicht repräsentativ.

In Mittelitalien, das bessere Voraussetzungen als Hellas für den Getreideanbau bot, wurde seit frühester Zeit Weizen für die menschliche Ernährung und Gerste nur für Futterzwecke angebaut. Als die Bevölkerung wuchs, musste man Getreide importieren, um die Versorgung sicherzustellen. Bier spielte mithin aus naheliegenden Gründen keine wichtige Rolle. Hingegen haben die Griechen schon in der Bronzezeit Wein in die ganze Mittelmeerwelt exportiert, und in der römischen Kaiserzeit wurde italischer Falerner sogar bis Indien geliefert. Es war also der Wein, dem wirtschaftliche Bedeutung zukam.

2) Biertrinker galten Griechen und Römern als suspekt. Ihr Feindbild, das auch der eigenen Identitätsstiftung und Rechtfertigung diente, gestalteten die einen (außerhalb der Brot-Wein-Öl-Kultur) als rohe Barbaren und die anderen (innerhalb des römischen Machtbereichs) als verweichlichte hinterhältige Schurken. So lässt schon im 5. Jh. v. Chr. der griechische Dramatiker Aischylos den König von Argos zu Ägyptern sagen: «*Wahrhaftig, ihr werdet feststellen, dass die Bewohner dieses Landes Männer sind und keine Biertrinker!*» Und der römische Schriftsteller Tacitus (58–120) charakterisiert in seiner ansonsten sehr positiven Darstellung der Germanen (*Germania*) die Trunksucht als deren Achillesferse: «*Leistet man ihrer Trinklust Vorschub und verschafft ihnen so viel, wie sie begehren, wird man sie gewiss nicht weniger leicht durch ihre Laster als mit Waffen besiegen.*»

3) Gegenüber fermentierten (gesäuerten) Lebensmitteln leg-

ten Griechen wie Römer – und wie auch schon die jüdische Tradition – eine ängstliche Befangenheit an den Tag. Der Gärprozess wurde als eine Art der Verunreinigung und Verwesung wahrgenommen. Das aufschäumende Bier war gleichsam der Prototyp solcher Produkte. Auf den seiner Ansicht nach unnatürlichen, geradezu perversen Charakter von Bier weist auch der Aristoteles-Schüler Theophrast (371–ca. 287 v. Chr.) hin: *»Sie verwandeln sogar Produkte, die sie genötigt haben, von ihrer gesunden Natur abzuweichen und ein wenig zu verfaulen, in trinkbare Säfte, so wie jene, die aus Gerste und Weizen einen Wein bereiten oder das sogenannte Zytos in Ägypten.«* Fast ein halbes Jh. später erklärt der Schriftsteller Plutarch, warum der Hohepriester des obersten Gottes Jupiter keinesfalls mit Hefe in Berührung kommen darf: *«Andererseits entsteht Hefe selbst aus Verderb und zersetzt den Teig, wenn sie daruntergemischt wird, woraufhin er locker und inaktiv wird; und überhaupt ist Säuern (Gären) mit der Verwesung verwandt.»* Andererseits wurden die scheinbar kontrollierte, nicht schäumende Weingärung und die dazu verwendete Hefe akzeptiert.

Trotz ihrer tiefen Abneigung verwendeten die Römer Bier in der Medizin als Lösungs- und Aufgussmittel oder auch zur äußerlichen Anwendung bei Drüsenschwellungen, Würmern und Husten. Als leichte Nahrung für Kranke, aber auch als Erfrischungsgetränk diente ein aus Gerste und verschiedenen würzenden oder medikamentösen Zusätzen hergestellter, oft leicht fermentierter Gerstenschleim, der als *tisana* (griechisch *ptisane*) bezeichnet wurde. Die Ärzte Hippokrates (460–370 v. Chr.) und Galen (129–199 n. Chr.) haben ausführlich die Herstellung und Verwendung der *ptisane* beschrieben.

In der Oikoumene – dem zivilisierten Weltkreis der Antike – waren zwei Biertypen von Bedeutung, die sich grundsätzlich unterschieden: das ägyptische Zytos und die keltischen Biere. Bei seinen scharfsinnigen Überlegungen zu der Frage, was ein Erbe erhält, der den Wein des Erblassers geerbt hat, definiert der römische Jurist Ulpian (gest. 223 n. Chr.) auch, was der Erbe nicht erhält: *«Sicher fällt aber das* (ägyptische) *Zytum, das aus Weizen oder aus Gerste oder aus Brot bereitet ist, nicht darun-*

ter. Ebenso wenig fallen das (keltische) *camum oder die* (keltische) *cervisia oder das hydromeli* (*Honigwein, Met*) *darunter.*»
Diese Klassifizierung sollte bis in das Mittelalter Bestand haben.

Die Römer wussten also genau, was Bier ist – und es befand
sich auch durchaus welches in ihren Kellern. Das ist nicht weiter verwunderlich, weil in der Kaiserzeit durch die Expansion
des Reiches immer mehr Menschen aus anderen Kulturkreisen
das römische Bürgerrecht erlangten und in die römischen
Macht- und Verwaltungszentren zogen oder dort als Sklaven
lebten. In dieser «globalen», multikulturellen Gesellschaft hatte
sich sicher auch die Gewohnheit, Bier herzustellen und zu trinken, allenthalben verbreitet. Es war vor allem die Unterschicht,
die Bier trank; vielleicht hat Cicero sein Diktum von der *faex
populi*, der Hefe (Abschaum) des Volkes, in diesem Zusammenhang formuliert. Durch das *Edictum de pretiis rerum venalium*
(das sogenannte Höchstpreisedikt) des Kaisers Diokletian wurden im Jahre 301 für den östlichen Teil des römischen Reiches
Maximaltarife für Lebens- und Futtermittel, Gebrauchsgegen-
stände und für Löhne und Honorare festgesetzt. Darin werden
unter der Rubrik «Weine» auch Biere aufgeführt, nämlich *zytum*,
camum (hier: Gerstenbier) und *cervisia* (hier: Weizenbier), also
genau die drei Kategorien, die auch Ulpian nennt.

Von entscheidender Bedeutung für das römische Imperium
war die Versorgung der Streitkräfte entlang der Reichsgrenzen
mit wohlfeilen und bekömmlichen Getränken. Regionale Gege-
benheiten – in Germanien, Britannien oder Ägypten war Bier
das traditionelle Getränk – und subjektive Präferenzen – in der
Kaiserzeit finden sich immer mehr Nichtitaliker im Heer – lassen damals die Bedeutung des Biers im Norden und in Ägypten
steigen. Ein Papyrus aus dem 4. nachchristlichen Jh. belegt die
Verteilung von Bier an dalmatinische Soldaten in Ägypten. Am
Hadrianswall wiederum schreibt ein Unteroffizier um 100
n. Chr. an seinen Vorgesetzten: «*Bitte, gib uns Bescheid, was
wir tun sollen. Sollen wir alle in das Lager zurückkommen,
oder nur jeder zweite? Die Kameraden haben kein Bier* (cer-
vesa) *mehr, lass welches schicken.*» Das Bier wurde an Ort und
Stelle gebraut oder von lokalen Produzenten gekauft. Täfelchen

aus dem Lager Vindolanda in England um die Jahrhundert-
wende vom 1. zum 2. nachchristlichen Jahrhundert belegen,
dass die Zenturionen Bier für ihre Soldaten auf eigene Rechnung, aber mit Mengenrabatt von den Produzenten oder Zwi-
schenhändlern einkauften und die Beträge später vom Sold der
Legionäre einbehielten. Gehörten im Ägypten der Kaiserzeit
Bierhändler und professionelle Brauer zum Alltag, so gab es
auch im Norden in Gilden organisierte Bierhändler und Bierbrauer, unter ihnen übrigens auch Frauen wie die Bierhändlerin
Hosidia aus Trier.

Ein Zentrum römischer Bierherstellung war die Moselregion
mit der Metropole Augusta Treverorum, die etwa von der Mitte
des 3. bis zum Ende des 4. Jh.s kaiserliche Residenzstadt war.
Von dort und aus den nördlichen Provinzen stammen mehrere
Trinkgefäße mit Inschriften wie «*Füll, Bedienung, den Krug mit
gutem Bier*» oder «*Füll mir die Flasche mit Bier*», die zeigen, dass
Biergenuss seinerzeit ganz alltäglich war. Dafür sprechen auch
spezielle Amphoren aus der Zeit zwischen 150 und 250 n. Chr.,
die wohl zum Biertransport dienten. Das erste Glied in der Trans-
portkette waren die Brauereien, von denen mittlerweile mehrere
gefunden wurden, so in den Garnisonsstädten Vindolanda, Lös-
nich, Xanten und Regensburg sowie auf zwei Landgütern bei
Namur. Alle belegen, dass in der römischen Kaiserzeit zumindest
in den Provinzen am Rande des Reiches Bierherstellung und Biervertrieb professionell betrieben wurden und einen nicht zu unter-
schätzenden Wirtschaftsfaktor darstellten.

4. Chaos und Neuordnung

Aus germanischen Braukesseln

Im Sommer 410 n. Chr. wurde Rom zum ersten Mal seit dem
Galliersturm im Jahr 387 v. Chr. von Barbaren – Germanen
erobert und geplündert. Bewusst – und schmerzhaft – sind die
Römer Germanen erstmals in den Schlachten von Noreia und

Arausio (113 bzw. 106 v. Chr.) begegnet, ehe der Konsul Marius die Kimbern und Teutonen 102/101 v. Chr. bei Aquae Sextiae und Vercellae besiegen konnte. Dann verging rund ein halbes Jahrhundert, ehe man am Rhein wieder aufeinandertraf, der lange die Grenze der römischen Herrschaft markieren sollte. Der erste Römer, der in diesem Zusammenhang die Germanen beschreibt, ist Gaius Julius Caesar (100–44 v. Chr.), der auf sie im Zuge seiner gallischen Feldzüge traf. Er stellt fest: «*Ackerbau betreiben sie nicht, und der größere Teil ihrer Nahrung besteht aus Milch, Käse und Fleisch.*» Die Germanen betrieben also in erster Linie Milchwirtschaft. Ihr wichtigstes alkoholisches Getränk war wohl der Met oder vielleicht ein Mischgetränk aus Getreide und Honig. Jedenfalls weiß eine – freilich viel jüngere – Erzählung der nordischen Mythologie vom «Dichtermet»; ihr zufolge spien die Götter in ein Gefäß und hätten aus dem Speichel ein allwissendes Wesen namens Kvasir (der Name steckt im Brotbier *Kvass*) geschaffen. Zwerge töten Kvasir und mischen sein Blut mit Honig. Diese Flüssigkeit, der Dichtermet, macht jeden, der sie trinkt, zum Dichter. Die Geschichte könnte den Ablauf der Herstellung eines einfachen Biers schildern: Mit dem Speichel wird Getreidestärke verzuckert, und die entstehende Lösung (Kvasirs Blut) wird dann mit Honig gesüßt und durch die im Honig enthaltenen Hefen vergoren. Zur Herstellung eines solchen Getränks bedarf es keines großen Aufwandes und schon gar keiner komplexen Mälzungstechnologie. 150 Jahre nach Caesar hatte sich die Situation geändert. Der römische Schriftsteller Publius Cornelius Tacitus (ca. 58–120 n. Chr.), bemerkt: «*Als Getränk dient ihnen eine Flüssigkeit, die aus Gerste oder Weizen ganz ähnlich dem Wein vergoren wird.*» Die Bierherstellung hatten die Germanen von den Kelten übernommen. Wie Tacitus feststellt, bauten sie damals auch Getreide an, von dem genug geerntet wurde, um Bier zu produzieren. Als Starterkultur für die Gärung diente, wie schon beim Met, der Honig. In einem germanischen Trinkhorn aus dem 1. nachchristlichen Jahrhundert aus der Gegend um Hadersleben wurden Spuren von gekeimtem Weizen und Honig (Pollen) gefunden. Möglicherweise wurden auch wilde Beeren als Hefequelle genutzt. Hatten die Germanen von den Kelten die Herstellung von Braumalz (Keimung) übernommen, so waren auch die Bierzusätze der Germanen dieselben wie bei den Kelten. Dazu zählten Bilsenkraut, Gagel oder Porst, die seit der Steinzeit bekannt waren. Zur Geschmacksverbesserung und Haltbarmachung wurden darüber hinaus je nach Verfügbarkeit und Rezeptur noch Eichenrinde (vielleicht auch als Hefequelle), Eschenblätter, Wacholderbeeren, Schlehen und Schafgarbe verwendet.

Zum Brauen setzte man die im Haushalt vorhandenen Utensilien ein, die auch zum Kochen oder zur Milchverarbeitung dienten. Dabei handelte es sich zum Teil um nicht feuerfeste (Holz-)Gerätschaften, weil Ton- oder Metallgefäße zu teuer waren oder, was Metallkessel betrifft, mit den verfügbaren Mitteln nicht hergestellt werden konnten. In einem solchen Fall wurden zur Rotglut erhitzte Steine in die Flüssigkeit gegeben, um heißes Wasser für die Breizubereitung oder eine geeignete Maischtemperatur in der Würze zu erzeugen. Beim «Steinbierbrauen», das bis ins 19. Jh. in Nord- und Osteuropa und heute noch in Franken praktiziert wird, karamellisiert Zucker aus der Maische an den heißen Steinen und verleiht dadurch dem Bier einen angenehm süßen Geschmack. Bei den Germanen war die Bierherstellung als Hausarbeit Aufgabe der Frauen.

Bier war in der germanischen Kultur bei Ritualen und Festivitäten unverzichtbar. In der historischen Rückschau kann man beide meist nicht voneinander trennen, denn das Festmahl mit anschließendem Trinkgelage ist aus dem Opfermahl hervorgegangen und hat seinen Opfercharakter nie völlig verloren. Bei den Festen wurden die den Göttern geweihten Becher getrunken und dabei rituelle Sprüche oder feierliche Eidschwüre gesprochen. In christlicher Zeit wurden diese heidnischen Feste durch Trinkfeste beispielsweise zu Weihnachten, Ostern, Johanni und Michaelis ersetzt. Neben den rituellen Banketten fanden auch private gemeinschaftliche Gelage, z. B. im Rahmen eines Familienfestes oder zur Erfüllung eines Gelübdes statt. Dazu zählten auch solche Zusammenkünfte, bei denen zur Streitschlichtung vereinbarte Vergeltungs- und Ausgleichsregelungen getroffen wurden. Zusammenkunft wie auch das Trinkgelage wurden als

gildi bezeichnet – das Wort, aus dem «Gilde» und «Geld» abgeleitet sind. Auch das Toten- oder Erbmahl sowie Hochzeitsfeier-
lichkeiten zählten zu den privaten Festen. Das Gelage anlässlich
der Ankündigung einer Verlobung wurde tatsächlich «Biersit-
zung» genannt.

Das wohl bekannteste, wenn auch mythische Festgelage ist
jenes in Walhall, wo Odin von seinem Hochsitz aus zusieht, wie
die ausgewählten gefallenen Krieger von den Walküren reichlich mit Met und Bier versorgt werden. Dieser Mythos bietet ein
Abbild der irdischen Realität: Wie bei den Kelten saßen die Germanen in einer festgesetzten, vom sozialen Rang bestimmten
Ordnung mit ihrem Anführer zusammen. Wenn ein Fremder zu
der Trinkgemeinschaft stieß, wurde sein Rang festgelegt, damit
er den ihm zukommenden Platz in der Sitzordnung einnehmen
konnte. Das geschah in einem Streitgespräch, bei dem die bis-
herigen Leistungen und Taten des Neuankömmlings erwogen
wurden. Nicht selten kam es dabei zu Handgreiflichkeiten. Danach wurde der Neuling Teil der Trinkgemeinschaft. Das Gelage
diente also der Verbrüderung und der Stärkung der Gruppen-
identität ebenso wie der öffentlichen Darstellung einer hierarchi-
schen Ordnung, die sich nicht nur in der Sitzordnung, sondern
auch in der Reihenfolge, in welcher die (Haus-)Frau den Teil-
nehmern das Trinkhorn reichte, manifestierte.

Rituelle Bedeutung hatte auch der Kessel, aus dem das Bier
ausgeschenkt wurde. Er war zugleich Sakralgefäß und Teil der
Opferhandlung. Der magische Kessel als Sinnbild für Überfluss
und Fruchtbarkeit symbolisierte eine enge Verbindung all derer,
die daraus tranken. Kessel spielten deshalb in der keltischen
und germanischen Mythologie eine große Rolle. So gewann im
«Hymirlied» der Gott Thor vom Riesen Tyr einen riesigen Kessel, in dem dann das Bier für die Gelage der Götter bereitet
wurde. Besonders große Kessel waren ein Statusmerkmal und
wurden Fürsten oder Anführern als Schatz, aber auch als Zei-
chen ihrer priesterlichen Funktion mit ins Grab gegeben. Die
rituelle Funktion des Bierkessels kannten auch noch die frühen
Christen, die ihn und seinen Inhalt als Instrument böser Mächte
verteufelten. So traf z. B. nach einer Legende St. Columban

(540–615) auf eine Gruppe Sueben, die um einen riesigen Kessel voll Bier versammelt waren, um ein Wotansfest zu begehen. Der Kessel zerbarst, als Columban ihn anblies und so das aus seiner Sicht frevelhafte Ansinnen vereitelte.

Die germanische Biertradition lebt bis heute in den zeitgenössischen Bezeichnungen Bier/Beer und Ale für dieses Getränk fort, die aus dem westgermanischen *bior* und dem nordgermanischen *ealu* abgeleitet sind.

Roggenbier und Mönchsgezänk: Die Karolingische Renaissance

Zu der Zeit, da die Goten Rom plünderten, hatte sich die Situation an der Rheingrenze dramatisch verändert. Größere oder kleinere Haufen von Germanen – Abenteurer, die sich aus verschiedenen Sippen unter einem Anführer zusammengefunden hatten – zogen plündernd bis tief nach Gallien hinein. Das seit 300 Jahren sehr effizient arbeitende römische Landwirtschaftssystem mit seinen großen Gütern und Kleinstädten zerfiel. Die villa rustica wird zum Herrensitz mit Fronhöfen oder zum Dorf. Dieser Prozess wurde durch einen Klimawandel beschleunigt, der kühleres und nasseres Wetter mit sich brachte. Damit gingen der Anbau der Weizensorten, insbesondere von Emmer und Dinkel, zurück; stattdessen wurden fortan vor allem Gerste, Hafer und Roggen angebaut. Die Ausbreitung der neuen Getreidearten war eng mit dem Übergang von der Viehwirtschaft zum Getreideanbau, der sogenannten «Vergetreidung», verbunden. Verschiedene Neuerungen verstärkten diesen Trend: Der zunehmende Einsatz von Pferden im militärischen Bereich und in der Landwirtschaft förderte den Haferanbau; der eiserne Kehrpflug und die Langsense verbesserten die Bodenbearbeitung und die Ernteerträge. Zudem begünstigt die Wassermühle Nacktgetreide wie Weizen zu Lasten der älteren Spelzgetreide wie Dinkel. Es etablierte sich darüber hinaus eine Dreifelderwirtschaft mit Wechsel von Wintergetreide, Sommergetreide und Brache. Bevorzugte Kombinationen waren Roggen/Weizen als Wintergetreide und Hafer/Gerste als Sommergetreide.

Die Germanen waren in den linksrheinischen Gebieten eine Minderheit und mussten sich mit den Gallo-Römern und den noch existierenden keltischen Verbänden arrangieren. Eine Maßnahme zur Integration der verschiedenen Kulturen war die schriftliche Fixierung der germanischen Gewohnheitsrechte. So verkündete die alemannische Stammesversammlung unter ihrem Herzog Lantfrid (709–730) die «Lex Alamannorum». In Abschnitt 21 wird verfügt: «*Kirchenknechte nun sollen ihre Abgaben gesetzmäßig leisten: 15 Maß Bier, ein Schwein im Werte einer Tremisse, 2 Scheffel Brot, 5 Hühner, 20 Eier.*» Das Bier wird mithin an erster Stelle der Abgaben genannt. Das ist insofern bemerkenswert, als die Abgabe für den jeweiligen Bischof und seine «familia», also seine Verwaltung, bestimmt war. Die römische Kirche hatte eigentlich die griechisch-römischen Vorbehalte gegen das Bier übernommen. In den Regionen jenseits der früheren Limesgrenze, wo kein Wein angebaut wurde, musste sie sich aber notgedrungen mit dem Bier anfreunden. Dieser Prozess wird durch die iroschottische Mission seit dem 7. Jh. beschleunigt.

Irland war zu dieser Zeit keltisch geprägt und stand damit dem Bier positiv gegenüber. Ein altirisches Gesetzbuch, das Crith Gablach, in dem die ideale Wochenplanung des Königs beschrieben wird, bestimmt, dass der heilige Sonntag dem Biertrinken vorbehalten ist – ein wichtiges Instrument zur gesellschaftspolitischen Kommunikation. Eine bedeutende Repräsentantin der irokeltischen Bierkultur war die heilige Brigit, Äbtissin von Kildare (452–525 n. Chr.). In den frühen Hagiographien wird hervorgehoben, dass St. Brigit ihren Mitmenschen Bier spendete (was von jedem Häuptling erwartet wurde) und verschiedene Bierwunder vollbrachte. Aus ihrer Feder soll auch ein Hymnus aus dem 11. Jh. stammen, in dem das Paradies wie ein vorchristliches Gelage geschildert wird, an dem Christus als König mit seinen Gefolgsleuten teilnimmt.

590 begann der Ire Columban (d. Jüngere, 540–615) mit königlicher Unterstützung im Frankenreich die Heidenmission. Das Mittel der Wahl war die Gründung von Rodungsklöstern. Weltliche Herren erlaubten Mönchen die Errichtung von

Klöstern, wenn diese selbst die zugewiesene Region urbar machten, wo sie ihr Kloster errichten wollten. Zu Missionszwecken
boten sich Flecken an der Grenze oder unmittelbar in heidnischen Gebieten an. Diese irofränkischen Klöster mussten sich
auch mit Bier versorgen. In seiner Columban-Hagiographie
schreibt Jonas von Bobbio (ca. 600–659): «*Sie brauten sich das
Bier (cerevisia) aus dem Getreide (Weizen) oder dem Safte der
Gerste zum Getränke, was damals nicht nur bei den skordischen
und dardanischen Völkern, sondern auch in Gallien, Britannien,
Irland und Germanien und bei verwandten Völkern im Gebrauch war.*» Jonas lässt trotz seiner klassischen Vergleiche erkennen, dass die Mönche in der germanischen Wildnis dringend
auf selbstgebrautes Bier angewiesen waren und so die lange,
ruhmvolle Geschichte des Klosterbrauwesens einläuteten.

Mit der Absetzung des letzten Merowingers und der Salbung
des Karolingers Pippin durch Papst Stephan II. (754) verändert
sich der Charakter des Frankenherrschers vom germanischen
Wahlkönig zum Herrscher von Gottes Gnaden, und unter der
Regierung seiner Nachfolger wird das Königreich der Franken
zum *Imperium christianum*. Dieses «heilige» Reich brauchte
aus vielerlei Gründen eine einheitlich organisierte Kirche, in der
auch das Leben in den Klöstern nach verbindlichen Regeln gestaltet werden sollte – immerhin ging es um die ewige Seligkeit
oder die Verdammnis für die Mönche, aber natürlich auch für
die, um deren Seelenheil sie sich zu kümmern hatten. Zunächst
standen sich zwei mönchische Richtungen unversöhnlich gegenüber. So stritten sich beispielsweise gegen Ende des 8. Jh.s in
Irland zwei Äbte, Dublitir (Bischof und Abt von Finglas, † 796)
und Abt Mael Ruain (von Tallaght, † 792), über den rechten
Weg, ins Himmelreich zu kommen. Abt Dublitir meint: «*Meine
Mönche trinken Bier, und sie werden genauso in den Himmel
kommen, wie Deine Mönche.*» Abt Ruain, der weder Fleisch
noch Bier erlaubte, hält dem entgegen: «*Da bin ich nicht sicher;
aber das weiß ich genau: Keiner der Mönche, der meine Gebote
befolgt und meine Klosterregel hält, braucht das Jüngste Gericht noch das reinigende Fegefeuer, weil sie schon rein sind.
Deine Mönche hingegen nicht, sie brauchen das reinigende*

Fegefeuer.» Bei diesem Mönchsgezänk ging es also darum, ob Mönche vollkommen enthaltsam und weltfern leben oder aktiv und gestaltend am Leben teilnehmen sollten. Zwischen 816 und 819 machten die Aachener Synoden verbindliche Vorgaben und legten fest, dass jeder Mönch täglich einen Becher (Hemina, 0,27 Liter; also ungefähr ein «Viertele») Wein oder einen Sextarius (0,55 Liter, also eine «Halbe») *«guten Biers»* erhalten könne. Bier wurde endlich von der Kirche akzeptiert.

Wie so ein karolingisches Kloster idealerweise auszusehen hatte, ist in einem Plan dargestellt, der im Kloster Reichenau gezeichnet wurde und dem St. Gallener Abt Gozbert (Abt 816–837) gewidmet war. Das Kloster St. Gallen dürfte im 10. Jh. etwa 110 Mönche und ungefähr 200 Laien beherbergt und eine etwa dem Plan entsprechende Größe aufgewiesen haben. Dort sind 40 Gebäude, darunter drei Brauereien eingezeichnet. Dass Bier für die Ernährung im Kloster eine große Rolle spielte, erfahren wir aus einer Urkunde des Mönchs Notker Balbulus (der Stammler, ca. 840–912), die die Verpflegung der ständig in St. Gallen lebenden Gäste, der *Tradenten*, betrifft. Notker legte fest, dass die Tradenten täglich *«Brot und Bier und Gemüse und Milch erhalten, an den Festtagen jedoch Fleisch»*. Die drei Brauereien, die der Idealplan zeigt, liegen an unterschiedlichen Stellen des Klosters. Sie sind mit Verpflegungseinrichtungen verbunden, nämlich der Herberge für erlauchte Gäste, dem Hospiz für Bedürftige und Pilger und der Küche neben dem Speisesaal der Mönche. Die unmittelbare Nähe der Brauereien zu den Orten des Bierkonsums legt nahe, dass das Bier zum schnellen Verbrauch bestimmt war. Zudem sind alle drei Brauereien räumlich direkt mit einer Bäckerei (*pistorium*) verbunden. Das lässt zumindest eine gemeinsame Hefeanzucht vermuten, vielleicht wurde beim Bierbrauen auch Sauerteig verwendet. Für beide Tätigkeiten brauchte man überdies Feuerholz. In einer Urkunde aus der Abtei St. Bertin um das Jahr 855 ist die Rede von Forsten, deren Holz abwechselnd für die Brauerei (*bracitorium*) und die Bäckerei (*pistrinum*) geliefert wurde.

Alle drei St. Gallener Brauereien selbst bestehen aus zwei Räumen. In der Mitte des größeren Raumes steht ein Herd, wo in Metallkesseln die Würze hergestellt wird. Um den Herd sind vier Gefäße eingezeichnet, die wohl zum Abfiltrieren der Maische oder zum Ansetzen der Gärung dienen. In einem abgetrennten kleinen schmalen Kompartiment finden die Kühlung und vielleicht auch die Vergärung der Würze statt. Die Beschriftungen an zwei der Brauereien besagen jedenfalls, dass dieser Raum «*zum Abkühlen des Biers (cervisa)*» gedacht ist.

Die größte der Brauereien ist die für die Mönche. Sie liegt in einem Gebäudekomplex, der auch ein Getreidelager, eine Darre, zwei wassergetriebene Stampfen und zwei Mühlen beherbergt. Zudem ist dieser Brau- und Backkomplex direkt mit der Küferei verbunden. Das Getreidelager ist ausdrücklich für Braugetreide bestimmt. Es ist bemerkenswert, dass das Braugetreide separat erfasst wird. Das könnte darauf hinweisen, dass entweder nur bestimmte Getreidesorten zum Brauen verwendet wurden oder dass das Braugetreide besondere Qualitäten aufweisen musste. Dem St. Gallener Historiographen Ekkehard IV. (ca. 980–1057) zufolge handelte es sich dabei vor allem um Hafer. Wo gegebenenfalls das Getreide eingeweicht und vermälzt wurde, geht aus dem ansonsten sehr detailfreudigen Plan nicht hervor; eine Malztenne (*cambae*) ist jedenfalls ebenso wenig eingezeichnet wie ein Malzlager. Die eingezeichnete Darre muss die Ausgangsmaterialien für alle drei Brauereien produziert haben, und auch die Stampfen und Mühlen sind nur einmal vorhanden.

Im Klosterplan werden für Bier zwei unterschiedliche Bezeichnungen gebraucht: *celia* und *cervisa*. Diese Begriffe werden auch von Ekkehard IV. in einer Zusammenstellung von Speisesegnungen, den «*Benedictiones ad mensas*» verwendet: «*Vom unbesiegten Kreuz stark, möge das Bier (caelia) gesegnet sein … dem bestens bereiteten Bier (cervise) gelte der Segen.*» Der Plan aber gibt keine Auskunft darüber, ob damit unterschiedliche Biere (aus verschiedenen Getreidearten), unterschiedlich starke Biere oder verschiedene Bearbeitungsstufen gemeint sind. Welche Technologie sich auch immer hinter diesen Fachausdrücken verbirgt – die Versorgung einer so großen Gemeinschaft von Mönchen und Laien mit gutem Bier war jedenfalls rational geplant und professionell organisiert.

Das belegt auch ein anderes karolingisches Dokument. Das
«*capitulare de villis vel curtis imperii*» ist eine Verwaltungs-
vorschrift, in der die Pflichten der Leiter großer Königsgüter
(«*judices*») beschrieben sind. Malz und Bier werden in vier Paragraphen der Ordonanz erwähnt. In Kapitel 34 wird strengste
Sauberkeit für alle manuellen Verrichtungen bei der Lebensmit-
telproduktion angemahnt, dazu zählen auch Malz (*bracios*) und
Bier (*cervisa*). Paragraph 45 handelt von wichtigen Fachleuten,
die der *judex* ausbilden lassen und verfügbar haben soll. In diesem Kontext werden auch *siceratores* erwähnt, Gärungsfach-
leute, die Bier (*cervisa*), Apfel- und Birnenwein sowie andere
feine Getränke herzustellen verstehen. Kapitel 61 ist der Bierversorgung des Königshofs gewidmet, vermutlich der Residenz
in Aachen. Die *judices* sollen jederzeit in der Lage sein, Malz
und ihre erfahrenen Braumeister in die Residenz an den Königs-
hof zu senden, um dort «gutes» Bier herzustellen. Im Paragraphen 62 werden schließlich Vorgaben für die jährliche Bilanzie-
rung der wirtschaftlichen Tätigkeit gemacht. Darunter ist auch
das hergestellte (und verkaufte?) Bier zu berücksichtigen.

Zusammenfassend lässt sich feststellen, dass dem Bier im Alltag des Karolingerreiches eine wichtige Rolle zukam. Die herr-
scherliche und monastische Bierversorgung im Karolingerreich
beruhte auf der professionellen Herstellung größerer Mengen
von Bier durch Fachleute. So hatte man römische Organisation
und Technik mit germanisch-keltischer Bierkultur erfolgreich
verbunden.

Nordmänner, Wenden, Klosterbrüder und das gehopfte Bier

Im Jahr 804 lagerten zwei große Heere im südlichen Jütland.
Die Truppen Karls des Großen standen bei Hollenstedt und be-
obachteten die Verbände, die der Oberhäuptling der dänischen
Nordmänner, Gudfred von Haithabu (Hedeby), nördlich der
Eider zusammengezogen hatte. Eine dritte Partei, die slawischen Obotriten, war als Vasallen und Verbündete Karls beteiligt. Es ging um den lukrativen Ostseehandel. Karl hatte nach

einem jahrzehntelangen, äußerst brutal geführten Krieg Nordostdeutschland unterworfen und erstrebte den Zugang zur Ostsee. Die Nordmänner, die gerade ihre gewaltige Expansion begannen, wollten genau das verhindern. Und die Slawen, die um ihren eigenen Handel fürchteten, wollten die Nordmänner nicht zu mächtig werden lassen. Trotzdem waren alle drei Parteien aufeinander angewiesen, denn mit der Ausdehnung des Karolingerreiches nach Sachsen war dem Fernhandel die Verknüpfung der transalpinen Handelsstraßen zum Mittelmeer mit der Ostsee eröffnet worden. So betraten neue Spieler die Bühne: die Nordmänner und die Slawen. Und diese beiden brachten ein neues Ingredienz ins Bier: den Hopfen.

Die Slawen waren im 8. Jh. von der Saale und Elbe her bis zur Ostsee vorgedrungen und hatten sich im Prozess der Landnahme zu Stammesverbänden wie den Obotriten zusammengeschlossen. Sie waren sehr erfolgreiche Landwirte und erfindungsreiche Techniker. Weil der Gattungsname des Hopfens «*humulus*» wohl auf slawische, vielleicht sogar finno-ugrische Benennungen zurückgeht, haben Carl von Linné und nach ihm viele Autoren postuliert, die Nutzung von Hopfen insbesondere für das Bierbrauen sei erst im Zuge der Völkerwanderung vom Osten nach Westeuropa gekommen. Dafür spricht jedenfalls, dass das altslawische «*chumeli*»/«*chemele*», das finno-ugrische «*humala*»/«*kumlach*», das türkische «*qumlaq*», das karolingische «*humulus*» und das skandinavische «*humall*» auf den ursprünglich von den Alanen/Osseten im Kaukasus für ihre Bierwürze gebrauchten Begriff «*chumälläg*» zurückgehen. Der lateinische Begriff «*lupus*» wird jedenfalls im Zusammenhang mit den ersten Hopfenbieren im 8. und 9. Jh. nicht gebraucht.

Die Slawen verwendeten Hopfen, um Bier zu brauen. Archäologische Funde belegen, dass slawische Biere aus Hirse, Gerste, Weizen, Roggen und Hafer, allein oder in Kombination, unter Zusatz von Hopfen hergestellt wurden. Der byzantinische Geschichtsschreiber Johannes Zonaras erwähnt (ca. 1120) ein berauschendes slawisches Getränk «*humeli*». Es gab wohl verschiedene slawische Biervarianten: Ein süß-saures litauisches Bier, «alus», wurde wie der russische Kwas durch Fermentation von Brot hergestellt, ein anderes wurde aus Birkensaft bereitet. Neben Hopfen verwendeten die Slawen – wie die Nordleute und Friesen auch – Gagel und Porst zum Brauen und das daraus hergestellte Bier zum Anstellen von Sauerteig.

Hopfen und Hopfenbier spielten in der slawischen Kultur eine wichtige Rolle. Der Hopfen galt als Fruchtbarkeitssymbol, Bräute wurden z. B. mit Hopfen überschüttet. Mit Hopfenbier zelebrierte Trankopfer fanden allenthalben statt: So wurde Bier neben Milch und schwarzen Hähnen den Hausgöttern (Hausschlangen) oder für eine gute Ernte der Fruchtbarkeitsgöttin geopfert. Sehr früh beteiligten sich Slawen am aufblühenden Hopfenhandel: Hopfenanbau ist in Böhmen seit dem 10. Jh. belegt. Eine Lübecker Marktordnung von 1220 stellte nur Leinen und Hopfen, die die Slawen des Umlandes auf den städtischen Wendenmarkt brachten, zollfrei. Noch im 14. und 15. Jh. bezog Wismar sehr viel Hopfen aus dem östlichen und südöstlichen Teil Mecklenburgs, also aus dem Wendland. Das lässt darauf schließen, dass slawischer Hopfen begehrt war.

Die Slawen waren aber noch auf einem ganz anderen Markt gern gesehen: und zwar als Ware auf den unersättlichen Sklavenmärkten der islamischen Welt. Der Sklavenhandel vom Osten in das Karolingerreich und von dort nach Venedig war ein großes und lukratives Geschäft. Wendische Sklaven sollen involviert gewesen sein, als in der zweiten Hälfte des 9. Jh.s in Freising Hopfengärten («*humlonaria*») angelegt wurden. Die Existenz eines Hopfengartens in einer dort erstmals dokumentierten Kombination mit einem Weinberg ist auch in einer Urkunde des Freisinger Bischofs Waldo um das Jahr 890 belegt. Ob der Hopfen zum Brauen verwendet wurde, ist allerdings nicht bekannt. Sicher wurde Hopfenbier in anderen Klöstern in der Karolingerzeit gebraut. Zum ersten Mal wird es von Abt Adalhard von Corbie (752–826) in seinen Statuten «*Consuetudines Corbeienses*» erwähnt. Da Adalhard kurz darauf das Kloster Corvey bei Höxter gründete, dürften seine Regeln dort ebenfalls Gültigkeit erlangt haben. Adalhard legte fest, dass der Bruder Pförtner, der auch für die Bewirtung von Gästen verantwortlich war, zum Bierbrauen aus dem Klosterzehnten einen

Anteil Hopfen entnehmen und darüber hinaus bei Bedarf noch mehr dazukaufen durfte. An anderer Stelle befreite Adalhard die zum Kloster gehörigen Müller von der Mitarbeit beim Mälzen und dem Sammeln von Hopfen und Feuerholz. Es ist offensichtlich, dass Hopfenbier nichts Ungewöhnliches mehr war und zu seiner Herstellung Wildhopfen gesammelt, aber noch nicht gezielt angebaut wurde. Mitteilungen über Hopfenabgaben sind aus dem 9. Jh. auch von den Klöstern St. Remis und St. Germain überliefert, sodass auch dort Hopfenbier gebraut worden sein dürfte. Explizit erwähnt Ansegisus (ca. 770–834), Abt des Klosters Fontanelle, «*sicera humolone*», Hopfenbier, unter den Abgaben für seine Abtei. In der Folgezeit wurde Hopfen zunehmend zum Würzen nicht nur von Bier, sondern auch von Wein verwendet, sodass allein das Sammeln von Wildhopfen nicht mehr ausreichte. Daher wurde er, wie z. B. in Freising, fortan systematisch angebaut. Im 10. und 11. Jh. kommt sowohl gesammelter als auch angebauter Hopfen zum Einsatz. Es ist zu vermuten, dass bei der Ausbreitung des Hopfenanbaus Zisterziensermönche von Bedeutung waren, deren Orden im 12. und 13. Jh. bei der Erschließung neuer Gebiete eine wichtige Rolle spielte.

Die dritte Gruppe, die 804 an der Eider stand – und damit zurück zum Ausgangspunkt dieses Kapitels –, waren die Nordmänner. Skandinavier und Dänen kontrollierten schon im 9. Jh. den Seehandel vom Finnischen Meerbusen bis nach England. Gruppen von Dänen, Schweden und Norwegern zogen aus, um als Wikinger Beute zu machen oder sich eine neue Heimat zu erschließen. Anders als die zentraleuropäischen Germanen nutzten sie für ihre schnellen Vorstöße aber keine Pferde, sondern ihre Schiffe. Für lange Seereisen brauchten sie ein Getränk, das haltbar und nahrhaft war und zudem wichtige Vitamine und Spurenelemente enthielt – auch wenn sie Letzteres natürlich nur der wohltuenden Wirkung nach bemerkten, nicht aber, um die Wirkstoffe wussten. Wie nach den Wikingern alle großen nordeuropäischen Seefahrernationen feststellten, entsprach nur das gehopfte Bier den Bedürfnissen der Seeleute für ihre Fahrten in nördlichen Breiten. Es ist daher nicht überraschend, dass nicht nur in Gudfreds Hauptstadt Haithabu (nahe beim heutigen Schleswig), sondern auch in anderen Hafenstädten der Nordmänner wie Kaupang, Birka oder Ribe Hopfenreste archäologisch nachgewiesen werden konnten und die Herstellung gehopfter Biere belegen. Hinweise auf Hopfen finden sich auch an zahlreichen Orten entlang der friesischen Küste. Ein Boot, das um 950 vor der englischen Westküste bei Graveney in Kent Schiffbruch erlitt, hatte Hopfen geladen. Da es für das angelsächsische England nur wenige Hinweise auf gehopftes Bier gibt, könnte dieser Hopfen für die große Wikingersiedlung Jorvik (York) bestimmt gewesen sein.

Neben dem Hopfenbier gab es noch andere Biere. Die Alvíssmál (Lied von Alwis), ein Götterlied der Edda, beschreibt das Ratespiel zwischen Thor, Odins Sohn, und dem Zwerg Alwis («*Allwissend*»). Thor fragt Alwis nach der Bezeichnung für Bier in den verschiedenen Welten und der nennt: *öl* (bei den Menschen), *bíorr* (bei den Asen), *veig* («berauschender Saft» bei den Wanen), *hreinal* («klares Getränk» bei den Riesen), *mioðr* (Met, in der Hel) und *sumbl* («symbl», eigentlich Gelage, bei Suttungs Söhnen). Es wird viel spekuliert, um welche Getränke es sich dabei gehandelt haben mag. Sicher ist aber, dass die Skandinavier auch Bier mit Gagel brauten. Der Gagelstrauch wächst entlang der Ost- und Nordseeküsten und fand sich auch archäologisch nachweisbar in beträchtlichen Mengen in Wikingersiedlungen. Das skandinavische Gagelbier enthielt – wie auch das spätere Gruitbier – Beifuß, Schafgarbe, Heidekraut und andere Pflanzenbestandteile. Es war sicher nicht so haltbar wie das Hopfenbier, aber wohl das traditionelle Getränk für den Alltag. In Schweden verbaten Gesetze des 13. und 14. Jh.s das Sammeln von Gagel auf fremdem Grund und legten die Erntezeit fest. Gagelbier hat sich in Skandinavien bis in das 18. Jh. gehalten.

Wie bei den weiter im Süden lebenden germanischen Ethnien spielte das Bier auch bei den Nordmännern eine zentrale Rolle im Alltag und bei rituellen Festen. Die Häuptlingshalle und ihr schwimmendes Äquivalent, das Schiff, sind ohne Bier nicht vorstellbar. Grabbeigaben von kleinen, mittleren und großen Eimern belegen, dass der Tote durch einen Schenkeimer, gefüllt aus dem

gemeinsamen Bottich, auch im Jenseits noch Teil der Trinkgemeinschaft war. Im Ritual getrunkene Biere enthielten oft psychoaktive Pflanzenbestandteile wie Schlafmohn und Bilsenkraut.
Letzteres wird auch mit dem Berserker in Verbindung gebracht,
der in der Dichtung meist als hässlicher, aber kampferprobter
Einzelgänger dargestellt wird. Er bringt sich mit dem exzessiven
Genuss eines speziellen Biers in Rage. Wie ein Werwolf verändert sich der Berserker dann: er heult laut auf und gerät in
einen fürchterlichen Blutrausch. Es gibt aber auch noch andere
Hinweise auf Bilsenkraut-Bier. Der Rechtsgelehrte Ahmad ibn
Fadlān reiste im Auftrag des Kalifen al-Muqtadir im Jahr 921
zu den Wolgabulgaren und traf dort auf Waräger (*Rūsiyyah*,
«*die schmutzigsten Geschöpfe Allahs*»), die einen schwunghaf-
ten Handel mit Sklavinnen betrieben. Dabei erlebte er auch das
Begräbnis eines ihrer Anführer mit, der auf seinem Boot verbrannt wurde. Während der Vorbereitungen wurde ein «*beson-
deres Bier*» gebraut, das sie Tag und Nacht bis zum Delirium
trinken, «*oft geschieht es, dass einer stirbt, den Becher in der
Hand*». Das könnte ein deutlicher Hinweis auf Bilsenkraut sein,
das überdosiert zu Lähmung und Atemstillstand führt. Auch
eine Sklavin, die bei der Totenfeier geopfert wurde, erhielt solch
einen Trank. Derartige Biere waren aber nicht die Regel. In
einer Chronik von Fürst Wladimir (des Heiligen, 960–1015)
heißt es vielmehr, dass ein 985 mit den Wolgabulgaren geschlos-
sener Vertrag mit der Formel beschworen wurde: »*Dann möge
der Frieden zwischen uns enden, wenn Steine schwimmen und
der Hopfen zu Boden sinkt.*» Auch die Rus kennen den Wert
des Hopfens und des Hopfenbiers.

Kloster, Burg und Stadt: Das hohe Mittelalter

«*Verflucht sei dieser Tag, möge er nie im Kreis der Jahre mitge-
zählt, sondern aus dem Gedächtnis ganz und gar ausradiert
werden*», schreibt Alibertus über den 25. Juni 841 in einem Ge-
dicht, in dem er seine traumatischen Erlebnisse der Schlacht von
Fontenoy wiedergibt. In wohlgesetzten Tetrametern schilderte
er das leichenübersäte Feld, wo die fränkischen Panzerreiter ge-

fallen waren. Der Ausgang dieser Schlacht besiegelte das Ende des fränkischen Großreiches, das in der Folgezeit in schwächere Teilstaaten zerfällt. Schon ein halbes Jahr später beschworen Ludwig, den man später *den Deutschen* nennen sollte, und Charles II. le Chauve auf Althochdeutsch respektive Altfranzösisch die Straßburger Eide. Die Verträge, in denen die Könige Privilegien an Stammesherzöge, Bischöfe und Markgrafen verteilen, um sich angesichts der lauernden Nachbarn und einfallenden Ungarn, Sarazenen oder Wikinger mächtige Vasallen gewogen zu halten, waren indes weiterhin in Latein verfasst. Zu den königlichen Privilegien, die in dieser Form abgetreten wurden, gehörte auch das Braurecht.

Im Jahr 974 gewährte Kaiser Otto II. zu Erfurt seinem «lieben» Bischof Notker von Lüttich neben anderen Rechten die Braugerechtigkeit (*materiam cervise*) der Abtei Fosses. Interessanterweise wird in dieser Urkunde das Braurecht als Material zur Bierherstellung bezeichnet. Um was es sich dabei gehandelt hat, erhellt ein Dekret Ottos III. aus dem Jahr 999, worin er zu seinem und seiner Eltern Seelenheil dem Bistum Utrecht die gesamte öffentliche Gewalt in Bommel einschließlich «*der allgemeinen Aufgabe, Bier zu brauen, die man gemeinhin als Grut bezeichnet*» überträgt. Dieselbe Floskel, «*fermentate cervisie, quod vulgo gruit nuncupatur*» findet sich öfter. Grut kann also sowohl das Braumaterial als auch das Braurecht bezeichnen. Dass trotzdem zwischen abstraktem Recht, Braurohstoff und Brauerei unterschieden wird, zeigt eine Eintragung der Benediktinerabtei St. Trond über die Verleihung des Braurechts durch Bischof Theoderich II. von Metz im Jahre 1048. Da heißt es: «*Das gesamte Grutrecht, das allein ihm gehörte, sowie die Freiheit, Grut herzustellen und dazu das Gebäude mit allen Anlagen, in dem die Grut hergestellt wird.*» Nun ist es nicht so, dass Grut überall in Europa ein fester Begriff für ein Braurecht gewesen wäre, denn schon kurz darauf verwendet eine Ordnung des Abtes Adelard aus St. Trond drei Bierbezeichnungen: «*cerevisia*», «*cambagio*» und «*cerevisia de gruta*».

Sowohl Grutbier als auch der Begriff der Grut sind auf ein Gebiet beschränkt, das sich grob von der Somme bis fast zur

Weser erstreckte und südlich etwa durch die Linie Lille–Bonn–
Bielefeld begrenzt war. Die regionale Begrenzung der Grut er-
gibt sich schon daraus, dass ein ganz wichtiger Bestandteil der
Gagel (*Myrica gale*) war. Verwandte Begriffe wurden aber im
ganzen deutschen Sprachraum gebraucht. Ein Spottvers aus
dem 9. Jh. beschreibt mit «*grûz*» ein Verlobungs- oder Hochzeitsbier. Um das Jahr 1000 gibt der mittelrheinische Verfasser
eines enzyklopädischen Wörterbuchs, des «*Summarium Hein-
rici*», eine Übersicht über die ihm bekannten Getränke. Er nennt
«*mulsum – lutertranc*»; «*hydromellum – apheltranc*»; «*medus –
meto*» (Met) und kommt dann zu den Bieren, wobei er «*ceruisa
uel ceruisia*: Bier» und «*celia: gruzzinc, gruz*» unterscheidet.
Auch in Oberdeutschland finden sich Begriffe wie «*gruzine*»,
«*grussing*» oder «*grewzzing*».

Spätestens um das Jahr 1050 war das Brau- und Schankrecht
überall auf Herzöge und Bischöfe übergegangen. Es war nicht
das einzige Privileg, das die Könige aus der Hand gegeben haben. Neben anderen war auch das Recht, Münzen zu schlagen,
nun Fürstenprivileg. Nicht, dass es besonders viele Münzen zu
schlagen gegeben hätte – hatte doch die Verfügbarkeit von Silber in Mitteleuropa seit der Karolingerzeit abgenommen. Von
der begrenzten verfügbaren Geldmenge war bei den Hörigen
und dem einfachen Volk am wenigsten verfügbar, der Tausch-
handel blühte, und Abgaben wurden zu einem Gutteil in Natu-
ralien geleistet. Dabei spielten auch Malz, Hopfen und Bier eine
Rolle, letzteres aber wegen seiner geringen Haltbarkeit nur in
der Nähe zum Herrensitz, wo es schnell konsumiert werden
konnte. Schon die Freisinger Traditionen verzeichnen für das
Jahr 815, dass der Diakon Huvezzi aus dem nahegelegenen
Unterföhring jährlich eine Fuhre Bier an die Freisinger Kirche
liefern muss. Der Falkensteiner Codex von 1170 nennt nur eine
einzige Bierabgabe aus dem Amt Audorf, das dicht bei der Burg
Falkenstein liegt. Auch das erste bayerische Herzogsurbar von
1231/1234 verzeichnet Abgaben von Bier vor allem um die
Stadt Landshut herum, während aus entfernteren Gegenden
Malz- und Hopfenabgaben aufgelistet werden. Das Kloster Rai-
tenhaslach hatte um 1200 noch kein eigenes Brauhaus, doch

wurden ihm von einem nahegelegenen Hof jährlich 36 Eimer Bier geliefert. Allerdings konnten Bierabgaben auch dazu dienen, die Verpflegung der weiter vom Herrensitz entfernten Wirtschaftsbetriebe sicherzustellen, schließlich war der Lehensbesitz oft weit gestreut. So verzeichnet das Kloster Weißenburg (Wissenbourg) im Elsass in seinem *Liber possessionum* neben Getreide- und Malz- auch beträchtliche Bierabgaben, zum Teil in sehr entfernten Gegenden. Es wird dabei manchmal ausdrücklich festgestellt, dass das Bier «für die Arbeit der Frauen» (während sie gemeinsam ihre «Pflichttücher» für das Kloster weben) oder die Männer während ihres Wachdienstes im Klosterhof bestimmt ist.

Neben gezinstem Bier als Abgabe für gepachtetes Land oder in Anspruch genommene Rechte gab es auch Bierlieferungen, die seit alters für den Lebensunterhalt eines Bischofs oder des Königs bestimmt waren; bei solchen Abgaben handelte es sich um sogenannte Hofdienste. Weil das Reich keine Residenzstadt hatte, musste der jeweilige König mit seinem zahlenmäßig beachtlichen Hofstaat von oft mehreren hundert Personen zur Erledigung seiner Geschäfte umherziehen (Reisekönigtum). Keine Königspfalz und kein Kloster konnten so viele Menschen an einem Ort längere Zeit versorgen. Das Aachener Tafelgüterverzeichnis von 1153 listet auf, welche abgabepflichtigen Güter wie viel zum Lebensunterhalt des Königshofs beizutragen hatten, wenn er sich auf seiner Reise im jeweiligen Gebiet aufhielt (maximal ein Jahr und 40 Tage). Während die Königshöfe in Rheinfranken, Bayern und der Lombardei als Getränk Wein lieferten, gaben die sächsischen Güter fünf Fuder (ca. 45 Hektoliter) Bier pro Dienst (Tag). Diesen Leistungsverpflichtungen im Großen, entsprachen auch solche auf niedrigeren Ebenen der Gesellschaft – so musste beispielsweise das Benediktinerinnenkloster Herzebrock bei Gütersloh als «Bischofsdienst» 30 Eimer Bier und fünf Eimer Met beitragen.

Naturalabgaben machten also einen großen Teil der Einkünfte der Obrigkeit aus, die sie unter anderem zur Armenfürsorge, zum Unterhalt der aus dem Dienst Geschiedenen verwendete oder als Deputate an Ministerialen und Bedienstete weitergab.

Das Verzeichnis der Bierzuteilungen beim Kölner Erzbischof von 1153 («Kölner Hofdienst») listet auf, wem wie viel von den zur täglichen Verteilung anstehenden ca. 960 Litern Bier zugeteilt wurde. Ein Siebtel ging an die Armen, der Rest wurde nach einem festen Schlüssel aufgeteilt: So erhielten z. B. der Graf von Jülich (mit seinen Leuten) ca. 50 Liter, der Bärenhüter, der Bettenmacher, der Schiffer oder der Bäcker je knapp fünf Liter. Da nicht der gesamte tägliche Bierbedarf durch Abgaben gedeckt werden konnte, wurde aus Malz- und Getreideabgaben an den Herrensitzen Bier gebraut. Zuständig dafür waren Fachleute wie die *braceatores* (Brauer), die im Jahr 1154 in einer Vogteiurkunde des Bamberger Klosters Michelsberg verzeichnet sind oder der in Kölnern Grundbüchern genannte *Bruere* Ezelin.

Zwischen 1100 und 1300 ermöglichte das mittelalterliche Klimaoptimum gute Ernten. Verbraut wurden bis ins 13. Jh. vor allem Hafer und in zweiter Linie Gerste, und zwar oft als Mischung. Allerdings ist nicht klar, ob die Getreide getrennt oder gemeinsam vermälzt wurden oder ob nur Gerstenmalz zur Verzuckerung und die anderen Getreide gemahlen oder geschrotet zugegeben als Stärkequelle wurden.

Der landwirtschaftliche Ertrag stieg infolge technischer Verbesserungen. Eine Verbesserung der Lagerhaltung und der zunehmende Getreidehandel sorgten dafür, dass die Folgen von Engpässen gemildert werden konnten. Eine wichtige Rolle spielten dabei die Reform-Mönchsorden, allen voran die Zisterzienser. Sie strebten ein Leben im Einklang mit der Natur an. Die Fenster ihrer Kirchen und die Kapitelle ihrer Klöster zieren keine figürlichen Darstellungen, sondern Pflanzenornamentik. In dem frühen (romanischen) irischen Zisterzienserkloster Corcomroe sind interessanterweise auf Kapitellen die alten keltischen Heil- und Brauzusätze Schlafmohnkapseln, Bilsenkraut und Eisenhut zu erkennen. Natürlich hatten diese oft einsam liegenden Klöster auch ein Brauhaus, da die neuen Orden sich selbst versorgten. Mit der seit dem 11. Jh. wieder zunehmenden Verfügbarkeit von Münzen gingen aber auch die etablierten Klöster dazu über, Brauhäuser einzurichten, um Bier in Eigenregie herzustellen und Überschüsse zu verkaufen. Man muss sich diese frühen Klosterbrauereien allerdings recht schlicht vorstellen – ein Herd mit einem großen Küchenkessel und ein Kühlraum für einige Holzzuber waren ausreichend.

Die günstigen klimatischen Bedingungen resultierten in einer enormen Ausdehnung der Siedlungs- und Anbauflächen; damit einher ging ein starkes Bevölkerungswachstum. Als Handelsknotenpunkte und Versorgungszentren wurden in den neu erschlossenen Gebieten so viele Städte gegründet, wie nie zuvor oder nachher in der europäischen Geschichte. Diese Städte verwalteten sich selbst. Ihr Stadtrecht folgte bewährten Vorbildern; bedeutende Beispiele liefern etwa das Soester, das Lübecker und das Magdeburger Recht. Von ihren fürstlichen Gründern werden die neuen Städte mit Privilegien ausgestattet, darunter dem Brauurbar. Mälzen und Brauen waren, wie der Görlitzer Bürgermeister Johannes Haß feststellte, «*bürgerliche Nahrung*» – also Gewerbe, die allein Stadtbewohnern vorbehalten sind. Dadurch soll gewährleistet werden, dass die Stadt stets ausreichend mit Bier zu erschwinglichen Preisen versorgt werden konnte. Preisfestsetzung, Qualitätsprüfung und Angebotssteuerung fielen in die Kompetenz des Stadtrats, später wurden auch die Zünfte eingebunden. Das Braurecht gebührte natürlich nur den Vollbürgern. Statuten der freien Reichsstadt Mühlhausen aus der ersten Hälfte des 14. Jh.s brachten das auf den Punkt: Bier brauen und ausschenken durfte nur, wer Steuern zahlte und Militärdienst leistete. Dadurch wurden der Import von Fremdbieren und die Bierherstellung durch Nichtbürger weitgehend ausgeschlossen. Unberührt blieb vom städtischen Braurecht das Tischtrunkbraurecht für den Eigenbedarf von Adeligen und Klöstern auch innerhalb der Stadtmauern. Ausnahmen gab es auch für das Brauen zu besonderen Anlässen z. B. von Erntebier oder Hochzeitsbier.

Ein weiteres Privileg, das viele Städte seit dem 13. Jh. unabhängig von der städtischen Autonomie erhielten, war das Meilenrecht. Dabei wurde das Recht, keine fremden Befestigungen innerhalb einer Meile um die Stadt dulden zu müssen, auf Nahrungsmittel wie Malz und Bier ausgeweitet. Innerhalb einer Meile um die Stadt durfte also nur dort produziertes Bier verzapft werden. Das Gebiet innerhalb der Biermeile entsprach auch in den meisten Fällen der Reichweite des Bierexports.

Die Braurechte in den nicht neugegründeten, den «alten» Städten, wurden davon nicht tangiert; sie lagen immer noch bei Bischöfen oder Fürsten. Ausgeübt wurden diese Rechte über ein Monopol. So durfte entweder nur das Bier des Stadtherrn verkauft werden oder die Brauer mussten die Erlaubnis zum Brauen durch den Kauf essenzieller Brauzutaten erwerben. Solche Brauzutaten waren z. B. die Grut, aber auch die Brauhefe (Bärme/ Barm), die der Magdeburger Erzbischof über das «Bärmamt» seinen brauwilligen Untertanen bis Halle und Hamburg verkaufte. Vom 12. bis zum 14. Jh. waren die Städte bestrebt, diese Monopole und Rechte in eigene Regie zu übernehmen. Angesichts der zunehmenden Verschuldung der meisten Stadtherren gelang dies in der Regel durch Pacht oder Kauf. So kaufte die Stadt Münster ihrem Bischof im Jahre 1266 ein Drittel der Grut ab und erwarb 1278 die gesamte Menge gegen eine jährliche Zahlung an das Domkapitel. Der Magdeburger Erzbischof wandelte 1309 in Verträgen mit seiner Domstadt sein Bärme-Recht in eine Steuer auf verkauftes Bier um. Oft trat nicht die Stadt, sondern eine Einzelperson oder ein Konsortium als Pächter der Rechte auf. So verpachtete 1345 Erzbischof Walram von Köln seine Grut an Willem Quattermart auf dessen oder seiner Witwe Lebenszeit. 1415 übernahm dann die Stadt Köln die Pacht. Eine weitere Möglichkeit war die Abgabe des Braurechts gegen andere Pflichten; in diesem Sinne überließ der Graf von Holland 1399 der Stadt Schiedam die Grut gegen die Verpflichtung, den Hafen auszubaggern und zu unterhalten. Wo die brauenden Bürger oder Städte ihrem Stadtherrn das Braurecht nicht hatten abkaufen oder abringen können, wie z. B. in München oder Regensburg, ergab sich eine komplexe Gemengelage. Als Bürger unterstanden die Brauer der Stadt, die etwa über die Getreidemarkt- und Feuerschutzordnung Einfluss auf das Brauwesen nehmen konnte. Als Brauer waren sie aber Lehensleute des bayerischen Herzogs, der festlegen konnte, wie viele Bürger brauen durften, welche Anforderungen sie und ihr Bier zu erfüllen hatten und was dafür an ihn und seine Verwaltung zu bezahlen war.

Das große Interesse am Bier seit dem 12. Jh. war vor allem seiner Rolle als Wirtschaftsgut geschuldet. In der mittelalterlichen
Ernährung war Bier nämlich von großer Bedeutung. Dem Adel
galt zwar – folgt man der höfischen Dichtung – Biergenuss als
nicht standesgemäß. «... *da sah man niemanden Bier trinken,
sondern man becherte Wein, Claret, Syropel und süßen Met*»
dichtete Ulrich von Türheim (ca. 1195–1250) in seinem Renne-
wart. Und im Parzival wird das Elend der belagerten Stadt Pel-
rapeire daran festgemacht, dass es keinen Wein mehr gibt, während nach der Befreiung der Überfluss dadurch charakterisiert
wird, dass nun keiner mehr Bier trinken muss. Und im Iwein des
Hartmann von Aue (gest. ca. 1210) wird gelästert: «*Ein Becher
voll Wein, das sei Dir einmal gesagt, gibt dir mehr Beredsamkeit
und Männlichkeit als 44 Becher Wasser oder Bier.*» Mit dieser
dichterischen Wunschwelt stimmte aber die Realität des Alltags
nicht überein. Sogar ein Fürst wie Heinrich der Löwe ließ sich
1185 im englischen Exil Bier nach sächsischer Art brauen, wofür
ihm sein Schwiegervater, der englische König, Weizen, Gerste
und Honig kaufte. Viele Burgen hatten ein Brauhaus oder einen
nahegelegenen Wirtschaftshof, der die Bewohner mit Bier ver-
sorgte. Der Vorrat an Malz und Bier konnte darüber entschei-
den, ob eine Burg eine Belagerung überstand oder kapitulieren
musste. Der Mittelstand, Bürger und Priester, tat sich gern am
Bier gütlich. Auch in Klöstern gehörte Bier zum Alltag. Abt
Wibald von Corvey (1098–1158) klagt über seine Mönche:
«*Kein Probst, kein Cellerarius kann sie zufriedenstellen, denn
Brot, Bier und Fleisch gibt es ihrer Ansicht nach stets zu wenig.*»
Da den Mönchen bei bestimmten Gelegenheiten wie z. B. im
Skriptorium oder während der Mahlzeiten das Sprechen verboten war, entwickelten sie eine Gebärdensprache, die «*signa
loquendi*». Der Hirsauer Abt Wilhelm hatte sie um 1090 für die
Zisterzienser zusammengestellt. Darin findet sich auch ein Zei-
chen für Bier, nämlich die Hände aneinanderreiben. Für den
«gemeinen Mann» war Bier das einzig erschwingliche, sichere
Getränk und Vitaminquelle in seiner recht eintönigen Nahrung,
die aus Haferbrei, Roggenbrot und eben Bier bestand. Für städtische Arbeiter, Diener oder Arme gab es schwaches Dünnbier

oder altes «Sauerbier». Auch Mönche erhielten als Alltags-
getränk Dünnbier. Besseres Bier gab es sicher beim Adel und
dem hohen Klerus, aber auch in den mittelalterlichen Montan-
städten (Bergbaustädten) wie Goslar und Freiberg stellte man
berühmte, qualitativ hochwertige Biere her. Wo Geld zu verdienen ist, sind Profitsucht und Betrug nicht weit – das galt damals
wie heute. Durch umissverständliche Darstellungen an Kirchen
wurde im Mittelalter immer wieder der Lebensmittelbetrug ge-
geißelt. Auch der Bußprediger Berthold von Regensburg greift
Mitte des 13. Jh.s dieses Thema auf: *«So betrügen etliche die
Leute mit faulem Wein und mit faulem Bier oder mit ungesotte-
nem Met, oder sie geben nicht das richtige Maß.»*

5. Hunger, Pest und Hansebier:
Die Anfänge des Bierexports

Die Apokalypse

Vor der Wende zum 14. Jh. begann das Bevölkerungswachstum
nachzulassen. Die landwirtschaftlichen Erträge deckten seit den
1270er Jahren immer weniger den Bedarf von Mensch und
Tier; zudem verschlechterte sich das Klima. Die feuchtkalte
Witterung verkürzte die Vegetationsphasen und minderte die
Getreidequalität. Zuerst traf es die Bauern, die an ihren Tieren
sparten. Das minderte die Produktivität weiter und senkte wie-
derum die Erträge, weil infolgedessen der Mist als unersetzliche
Stickstoffquelle fehlte. Eine Abfolge von kalten und sehr nassen
Jahren zwischen 1315 und 1322 führte zu einer Katastrophe,
die im Gedächtnis der Menschen als «der große Hunger» haften
blieb. 1342 folgte das sogenannte Magdalenenhochwasser, eine
Jahrtausendflut, und kurz darauf, 1348, begann die Pest ihren
Schreckenszug durch Europa. Die scheinbar fest geordnete Welt
des Mittelalters brach auseinander: Der Papst siedelte nach
Avignon über, die Schweizer und die Schotten erkämpften ihre
Unabhängigkeit und der furchtbare 100-jährige Krieg mit sei-

nen ruchlosen Söldnerhorden verheerte Mitteleuropa. Die Folgen
waren unübersehbar. Die Oberschicht konnte ihre Versorgung
durch Besteuerung, Kauf oder Raub sowie verbesserte Lagerhaltung in Städten und Burgen noch halbwegs sicherstellen.
Anders die Bauern, die bei Ernteerträgen von 500–900 kg pro
Hektar nach Abgaben und Verlusten durch Schädlinge keine
Vorräte mehr anlegen konnten. Hungernde Menschen wurden
ein alltäglicher Anblick. Wüstungen häuften sich, als sich die
Dörfer entvölkerten, und die entwurzelten Bauern verstärkten
die Bettler- und Räuberbanden.

Angesichts des nassen Klimas wurde in dieser Notzeit Getreide feucht geerntet oder nahm bei der Lagerung Feuchtigkeit
auf. Das begünstigt das Wachstum von Schimmelpilzen. Deren
Gifte, Mykotoxine, gelangten damals regelmäßig in die Nahrung, vor allem in die sehr einseitig getreidebasierten Speisen
der einfachen Leute. Die auffälligste dieser Krankheiten wird
durch das schwarze Mutterkorn ausgelöst, das sich bei Mehl-
taubefall von Roggenkörnern bildet. Mutterkornalkaloide wurden schon lange in der Volksmedizin genutzt. In höherer Dosierung rufen sie aber Wahnvorstellungen hervor. Die vorsätzliche
Verwendung von Mutterkorn in «Hexensalben» sensibilisierte
die Allgemeinheit für Geschichten von Geistern und Hexen. In
größeren Mengen und über längere Zeit konsumiert, resultiert
der Konsum von Mutterkorn in Lähmungserscheinungen und
einem schmerzhaften Absterben von Fingern und Zehen, dem
sogenannten Antoniusfeuer (Gangräne). Auf zahlreichen Abbil-
dungen der frühen Neuzeit, z. B. dem Isenheimer Altar, sind
Menschen dargestellt, die infolge von Mutterkornvergiftungen
zu Krüppeln geworden waren. Während Roggen der bevorzugte
Wirt für den Mutterkornschimmel, *Claviceps purpurea*, ist, tre-
ten andere toxische Schimmelpilze wie Fusarien eher auf Hafer
oder Weizen auf. Von den mittelalterlichen Hauptgetreidearten
war lediglich Gerste relativ widerstandsfähig. Mit den Hopfenbieren, die sich im 14. und 15. Jh. überall durchsetzten, wurde
die Gerste zum wichtigsten Braugetreide. Vielleicht hatte dabei
auch die Schimmelanfälligkeit eine Rolle gespielt.

Die Städte erlebten als Folge der Pest einen Aufschwung. Das vorhandene Geldvermögen verteilte sich damals unter wesentlich weniger Menschen. Arbeitskräfte waren rar, dementsprechend stiegen die Löhne und damit die Kaufkraft des Einzelnen. Die Landflucht brachte den Städten viele Neubürger und damit neue Konsumenten. Das bedeutete unter anderem auch eine steigende Nachfrage nach Bier. So waren künftige Konflikte vorprogrammiert, die dann bis ins 15. Jh. an Schärfe zunahmen. Aus der Frage, wer wie viel Bier verkaufen durfte, entwickelten sich oft Streitereien zwischen Stadt und extraterritorialen städtischen Klöstern, die für ihren Eigenbedarf einschließlich der Bewirtung von Gästen brauen durften und so zur Konkurrenz für die städtischen Brauer wurden. Ähnliche Kontroversen um den Ausschank von Eigenbier entzündeten sich zwischen den Städten und Adeligen oder Universitäten. Sodann entstanden Konflikte darüber, welcher Bürger wann wie viel brauen durfte. Weil zu viele Städter brauen wollten, wurde das Braurecht auf Hausbesitzer beschränkt. Feuerschutzordnungen schränkten den Kreis der Brauberechtigten weiter ein – z.B. auf Eigentümer von Steinhäusern. Letztendlich wurde das Braurecht in vielen Städten zum radizierten Realrecht, d.h., der Erwerb dieses Rechts war mit dem Besitz eines Hauses oder Grundstücks, auf dem dieses Recht liegt, verknüpft. Eine weitere Einschränkung kam mit dem Reihenbrauen, demzufolge jeweils nur ein Bürger in einer durch Losentscheid festgelegten Reihenfolge brauen durfte. Da die beste Zeit für das Brauen zwischen Dezember und Februar lag, wollten natürlich alle Brauberechtigten möglichst dann brauen. Einen dritten Konfliktherd bildete das Meilenrecht, wenn adelige oder Klosterschenken innerhalb oder nahe der Bannmeile lagen oder wenn sich Meilenrechte überschnitten. Solche Streitereien (*Bierausfälle*) konnten in blutigen «Bierkriegen» eskalieren, wie z.B. der *Breslauer Bierkrieg* von 1380 bis 1382 oder der Bierkrieg zwischen Görlitz und Zittau Ende des 15. Jh.s zeigen. Von größeren oder kleineren mehr oder weniger gewalttätigen Auseinandersetzungen um den Bierausschank auf dem Lande hören wir noch bis ins 18. Jh. hinein. Die letzte Auseinandersetzung dieser Art war wohl der Zwist zwischen den oberfränkischen Gemeinden Naila und Selbitz im

Jahre 1778. Gewinner waren letztendlich immer die Territorial-
fürsten, die diese Streitereien schlichteten.

Hopfen und andere Kräuter

Im 14. Jh. beginnt der Siegeszug des gehopften Biers als eigen-
ständiger Typus; von da an setzte es sich zunehmend von den
traditionellen Bieren ab. Ein ganz großer Vorteil von Hopfen
gegenüber Gagel, Sumpfporst, Schafgrabe usw. besteht darin,
dass er kultivierbar ist. So konnte die rapide steigende Nachfrage auch tatsächlich befriedigt werden. Die häufige Rückkreu-
zung von kultiviertem Hopfen und Wildhopfen in Europa lässt
sich noch heute molekularbiologisch nachweisen und deutet
darauf hin, dass beide Formen lange nebeneinander existierten.
    Für das Jahr 1031 werden Hopfengärten des Regensburger
Klosters St. Emmeran erwähnt. Im Jahr 1101 findet sich bereits
Hopfen auf einer Liste von Exportgütern aus Böhmen. Im Magdeburger Stadtrecht von 1160 wird Hopfen ebenso erwähnt wie
im Sachsenspiegel des Eike von Repgow (ca. 1180–1233). Im
13. und 14. Jh. mehren sich dann Nachrichten über Hopfengärten. In Erfurt, wo 1289 noch «Lanthopfen» verbraut wurde,
wird 1303 ein Hopfengarten genannt. Seit dem hohen Mittelalter besteht ein reger Hopfenhandel zwischen den Städten und
ihrem Umland, aber auch überregional. In den Quellen für
Rostock (1265), Stralsund (1284) und Schweidnitz (1328) werden Hopfenmärkte erwähnt, wo neben einheimischem auch
Böhmischer und Thüringer Hopfen gehandelt wurde. In dem
Amtseid der Nürnberger Hopfenmesser aus dem 14. Jh. werden verschiedene Hopfensorten aufgezählt – z. B. Landhopfen,
Weidhopfen, Staigwaldhopfen und Saalfelderhopfen. Das lässt
auf einen etablierten Hopfenhandel schließen, bei dem bereits
nach Provenienzen und Qualitäten differenziert wurde. Diese
Entwicklung wird auch durch archäobotanische Hopfenfunde
belegt, die auf eine Zunahme der Hopfennutzung seit dem
11. Jh. in Polen, Tschechien und Norddeutschland hinweisen.
In der Ratsgesetzgebung der freien Reichsstadt Mühlhausen
wird schon 1311 bestimmt, dass die Hopfenmaße mit dem

Stadtsymbol oder dem kaiserlichen Adler gezeichnet sein müssen. Mit der Intensivierung des Handels der Hansestädte breiteten sich Hopfenanbau und Hopfenhandel und mit ihnen das gehopfte Bier rheinaufwärts aus. Bereits für das Jahr 1338 wird Hopfen unter den zollfrei gestellten Produkten in Straßburg erwähnt. In Trier aber – weiland römische Biermetropole – wurde jedoch erst gegen Ende des 15. Jh.s Hopfenbier gebraut. Um dieselbe Zeit gewann auch der Hopfenbau um Nürnberg an überregionaler Bedeutung, und 1538 verlieh der Eichstätter Bischof den Spaltern als deren Landesherr das Recht, ihren Hopfen mit einem eigenen Siegel zu zeichnen. Spätestens seit dem 15. Jh. hatte sich Hopfen also als dominierende Bierwürze etabliert. Entsprechend stiftete Herzog Johann Ohnefurcht von Burgund 1406 den Flamen den Hopfenorden, mit dem sämtliche Herren auszuzeichnen und zu ehren waren, die durch ihre Arbeit zur Entwicklung und zum Gedeihen des edlen Gewächses beitrugen, das für die Biererzeugung so wichtig war.

Hopfen war zunächst auch Bestandteil der klassischen Bierwürzen, wie sie für Grutbier verwendet wurden. Begriffe wie Grut oder *grensink* werden seit dem Hochmittelalter auch für Biere außerhalb der eigentlichen Grutregion verwendet. Ihre Herstellung war unkompliziert, denn in der Regel gab es in spätmittelalterlichen Brauereien nur eine ganz einfache Ausstattung. Das zentrale Brauutensil war ein metallener Kessel, der aus Blei (so zumindest in einigen englischen Alebrauereien bezeugt), Eisen oder Kupfer gefertigt sein konnte und über dem Herdfeuer aufgehängt wurde. In manchen Städten gingen die städtischen Braumeister mit dem Kessel, der schon aus Gewichtsgründen selten mehr als 600 Liter fasste, in das Haus des brauenden Bürgers und bereiteten dort mit dessen Rohstoffen und nach dessen Vorgaben das Bier. In der Regel wurde unmittelbar vor dem Brauen gemälzt, wobei Weizen/Dinkel, Hafer, Gerste oder Roggen, nicht selten auch als Gemisch, verwendet wurden. Das geschrotete Malz wurde mit Wasser im Kessel versetzt und dann über dem offenen Feuer erwärmt. Manchmal wurde dabei das Malz erst mit wenig Wasser mit einem Paddel (Maischscheit) angeteigt und erst nach einer Ruhephase in den

Kessel gegeben und mit Wasser angerührt. Sofort oder nach einiger Zeit wurden pflanzliche Bierwürzen hinzugegeben und das Ganze weiter erhitzt. Zumindest in den Niederlanden gab es auch Braustätten mit zwei Kesseln. Die Würze wurde abgekühlt und in einem Zuber oder in einem Fass – obergärig – vergoren und danach in Fässern zum alsbaldigen Verbrauch gelagert.

Die Grut war gleichsam eine «Fertigmischung» aller zur Bierbereitung nötigen Rohstoffe. Wichtigster Bestandteil ist Gagel, auch Bäckerbusch, Brauerkraut, bog-myrtle oder Brabanter Myrte genannt. In den Rechnungsbüchern von Deventer wurde sie als «*myrtus*», in denen von Wesel als «*costus*» oder «*custus*» bezeichnet. Gagel wächst nur im ozeanischen Klima. Unter kontinentalen Bedingungen gedeiht der Sumpfporst (*Ledum palustre*), ein Heidekrautgewächs, das in Hochmooren von Zentraleuropa bis Sibirien und im nördlichen Amerika zu Hause ist. In Europa finden sich auch die Bezeichnungen *Pors, Moosrosmarin, Bienenheide* oder *Flohkraut*, während der in Kanada und Alaska gebräuchliche Begriff «*Labrador tea*» auf das berauschende Getränk hinweist, das die Ureinwohner mit dieser Pflanze zubereitet haben. Obwohl Gagel und Porst völlig verschiedene Pflanzen sind, die, außer in einigen Gegenden Skandinaviens, nicht gemeinsam vorkommen und auch keine vergleichbaren physiologischen Wirkungen zeitigen, wurde im Spätmittelalter nicht zwischen ihnen unterschieden. Der Begriff «Porst» und seine Synonyme wurden ebenso für Gagel verwendet wie «Myrtus» und ähnliches für Porst. Die Menschen sahen in beiden Pflanzen eben dasselbe: eine bewährte traditionelle Bierwürze.

Gagel – aber nicht Porst – war auch ein Wirtschaftsgut. Im Jahr 1152 schenkte der Dänenkönig Waldemar dem Kloster Ringsted eine Kirche einschließlich der Gebiete, in denen Gagel wuchs. Wie eine Schenkungsurkunde aus dem Jahr 1251 belegt, überließen Adelige dem Kloster Burlo für alle Zeiten den Gebrauch des Gagelkrautes in der Mark. Dass Gagel auch in begrenztem Umfang gehandelt wurde, zeigt sich daran, dass um 1284 in Flensburg und in Hadersleben Zoll auf den Handel mit Gagel erhoben und der Verkauf von Hopfen verboten wurde. Ein Verzeichnis von Vorräten in der Burg von Kopenhagen vermerkt 1328 eine Last Gagel sowie acht Fässer Gagelbier, und in einem Katalog des Amsterdamer Zolls von 1431 werden unter den von Hansekaufleuten importierten Waren Hopfen und Gagel aufgelistet. Neben Gagel (*cruyt*) bilden geschrotetes Hafer-, Gersten- und Weizenmalz Bestandteile der Grut. Manchmal wird auch ein spezielles «Würzmalz» erwähnt. Da für Grut bisweilen das Wort «*pigmentum*» verwendet wurde, dürfte sie hier und da dunkles Malz oder einen pflanzlichen Farbstoff enthalten haben. Oft finden sich die Begriffe «*symeteien*», «*scherpentangen*» oder «*siler montanus*» in den Listen. Dabei handelt es sich um Laserkraut (*Laserpitium siler*, auch als weißer Enzian oder Rosskümmel bekannt), das bei Konrad von Megenberg (1309–1374) auch als Zutat für Met genannt wird. Ein weiterer Bestandteil war Harz, das sowohl aus Geschmacksgründen (wie heute noch zum griechischen Retsina) als auch wegen seiner mikrobiostatischen Wirkung zugegeben wurde. Außerdem fanden sich in Grutzubereitungen z. B. Lorbeer, Ingwer, Anis, Wacholderbeeren, Kleie, Kümmel und auch Hopfen. Neben diesen typischen Grutbestandteilen dürften u. a. Eschenblätter, Fichtensprossen, Wermut, Nelken, Beifuß, aber auch das seit keltischen Zeiten verwendete Bilsenkraut in Bieren zum Einsatz gekommen sein.

Die jeweilige Zusammensetzung der Grut wurde von der jährlich unterschiedlichen Verfügbarkeit und dem Preis der Ingredienzien bestimmt, die zum Teil für teures Geld auf Fernhandelsplätzen wie Arnheim, Köln oder Antwerpen gekauft werden mussten. Jeder Grutinhaber oder Grutpächter hatte aber einige unveränderliche Bestandteile in seiner Grut, die zugleich seine «Signatur» darstellten. Die dafür nötigen Pflanzen konnten in der jeweiligen Region gesammelt werden. Durch den gesetzlichen Zwang zur Abnahme erfüllte die Grut drei wichtige Funktionen. 1.) Sie brachte Steuereinnahmen und erlaubte die Lenkung der lokalen Bierproduktion. Da die Grut nur sehr bedingt haltbar war und deshalb nur in kleinen Mengen von den Brauern täglich oder wöchentlich abgenommen wurde, erhielt man eine genaue Übersicht darüber, wann wie viel gebraut wurde, und konnte so den Getreideverbrauch zeitnah steuern. 2.) Die «genormte» Grut erhöhte die Verbrauchersicherheit, da nur erprobte und staatlich dosierte Beimischungen in das Bier gelangten. Da die Grut meist mit Malz gemischt abgegeben wurde, war auch sichergestellt, dass adäquate Mengen Malz pro Brau verwendet wurden, die Stärke des Nahrungsmittels Bier also den Verbrauchererwartungen entsprach. 3.) Durch die Grut war jedes Bier speziell gekennzeichnet und konnte einem Hersteller und dem Jahr zugeordnet werden. Dadurch wurde der «Schwarzbrauerei» ein Riegel vorgeschoben, und Importbiere konnten leicht identifiziert werden. Es wundert daher nicht, dass das jeweilige Grutrezept ein Geheimnis des Produzenten blieb.

Hergestellt wurde Grut in speziellen Gruthäusern, von denen es eines oder mehrere in jeder Stadt gab. Zur Ausstattung gehörten eine Trocknungsanlage, ein großer Kessel, der an einer «*henge*» über dem Ofen aufgehängt war und ferner hölzerne Zuber oder Eimer, verschiedene Messbecher, große Mörser, Gewindepressen, Siebe, Seile, Schöpfer (*schouppe*) und Maischscheit (*meijschijt*). Ob die pflanzlichen Bestandteile für die Grut nur getrocknet, vermahlen und gemischt wurden, lässt sich nicht mit letzter Sicherheit feststellen. Einige Autoren meinen, dass die Grutherstellung die ersten Prozessschritte des Brauens vorwegnahm und die Grut eine Art Malzextrakt war. Die alternative Bezeichnung «*fermentum*» für Grut könnte im Übrigen darauf hinweisen, dass bereits Hefe in der Mischung enthalten war. Denkbar erscheint die Kombination von Grut mit speziell an die jeweilige Mischung angepassten Hefen auf jeden Fall, weil jede Grut ja unterschiedliche mikrobiostatische Pflanzenwirkstoffe enthielt. Nach neueren Erkenntnissen werden Würzen mit den Grutbestandteilen Gagel, Porst und Schafgarbe besonders gut von den heute noch gebräuchlichen Kölschhefen vergoren. Köln war ein Zentrum der Grut, wo sich diese Brauweise viel länger als anderswo gehalten hat.

Grutbiere wie Ales wurden sehr stark eingebraut. Die verwendeten Getreidearten und die genaue Schüttmenge variierten allerdings. Kölner Ratsprotokolle belegen ein Dünnbier und ein doppelt so starkes Dickbier, das mit über 35 kg Malz pro Hektoliter (zum Vergleich: heute etwa 17 kg/hl!) ein sehr gehaltvolles Getränk gewesen sein muss.

Jedes Grutbier entwickelte also einen eigenen charakteristischen, auf jeden Fall süßlichen Geschmack. Die mittelalterlichen Biere außerhalb des eigentlichen Grutgebietes dürften sich nicht grundsätzlich von Grutbieren unterschieden haben. Natürlich gab es immer regionale Besonderheiten. Beispielsweise wurde hier und da das Bier mit großen Mengen Salz versetzt – so in Minden, wo 2 kg Salz auf 15 kg Malz zugegeben wurden. Außer den Zutaten trugen stets die sehr unterschiedlichen Wasserqualitäten und die lokale Mikroflora dazu bei, dass die mittelalterlichen Biere eine große Vielfalt aufwiesen.

Trotz ihrer keimtötenden Wirkstoffe und ihrer hohen Dichte waren Grutbiere nicht lange haltbar. Im 14. und verstärkt im 15. Jh. wurden sie endgültig vom Hopfenbier verdrängt. Dieses war sehr viel billiger, weil Hopfen im Gegensatz zu den Grutbestandteilen kultivierbar und fast überall anzubauen war. Zudem sind Hopfenbiere deutlich haltbarer und ihre Herstellung ist besser zu standardisieren. Sie galten auch als stärker. Angesichts solcher Vorteile wundert es eher, warum es fast 500 Jahre gedauert hat, bevor sich die Hopfenbiere durchgesetzt haben. Ein Grund für ihren letztendlichen Erfolg war sicher der gestiegene Bierbedarf. Bier wurde zum Volksgetränk und neue Technologien erlaubten das Brauen in bislang nie erreichten Größenordnungen. Vielleicht war das nur mit Hopfen machbar. Einen weiteren möglichen Grund hatte bereits die herausragende Philosophin, Theologin und Naturwissenschaftlerin Hildegard von Bingen (1098–1179) im 11. Jh. erkannt. Sie schreibt im dritten Teil ihrer «Physica» über die Heilwirkung von Eschenblättern (de asch): «*Wenn du dafür aus Hafer ein Bier zubereiten willst, so setze es nicht mit Hopfen an, sondern koche das Ganze mit Grut und vielen Eschenblättern; und so ein Bier reinigt den Magen des Trinkers und macht seine Brust leicht.*» Diese Stelle wird von vielen mehr oder weniger gelehrten Autoren als Beweis dafür herangezogen, dass Hildegard von Bingen Hopfen als Bierzusatz ablehnte und lieber Bier mit Eschenblättern zubereiten wollte. Man muss aber genau lesen: Grut und Eschenblätter (im Übrigen ein schon in keltischer Zeit genutztes Heil- und Konservierungsmittel) soll man dann anstelle von Hopfen

nehmen, wenn man Bier aus Hafer – dem wichtigsten Braugetreide zu Hildegards Zeit – herstellt. Das sagt nichts über
Biere aus anderen Getreidesorten. Ein Grund für die mögliche
Inkompatibilität von Hopfen und Hafer könnte darin liegen,
dass Hafer schon durch seinen relativ hohen Fettgehalt bit-
ternde Substanzen in das Bier einbringt, die jedoch als schärfer
als die Hopfenbitterstoffe empfunden werden. Wohl auch deshalb wurde noch vor 100 Jahren in Schweden empfohlen, Hafer-
biere um zwei Drittel weniger als andere Biere zu hopfen.

Es fällt auf, dass sich der Hopfen in dem Moment durchsetzt,
in dem sich auch Gerste zum hauptsächlichen Braugetreide entwickelt. In der ersten Hälfte des 14. Jh.s nahm der Gersten-
handel, z. B. auf der Elbe nach Magdeburg, deutlich zu. Als die
Bremer Brauer, die als Erste ihr gehopftes Bier über See exportierten, ihren Markt an die Hamburger verloren, gaben sie
selbst der Verwendung von Hafer die Schuld. Der Bremer Stadt-
chronist bemerkt zum Jahr 1307: «*Denn Bremen hatte sehr
große Nahrung auf der Seefahrt von ihrem Bier, und man
wusste zu der Zeit von keinem anderen Bier zu berichten. Aber
als schließlich das Hamburger und das Wismarer Bier hinzu-
kam, da hätten die Bremer Aufsicht und Regiment über ihr Bier
halten sollen, und hätten sie kein Bier aus Hafer als Fassbier mit
ausgeführt, so wäre das Bier nicht so schlecht geworden.*» Auch
dies könnte ein Hinweis auf «ranzige» Alterungsaromen sein.
Es passt jedenfalls, dass städtische Brauordnungen zu dieser
Zeit erstmals Gerste als Braugetreide vorschreiben, so in Nürnberg schon 1305, wobei dort sogar der Import von Malz aus
anderem Getreide als Gerste ausdrücklich untersagt wurde.
Auch der Kölner Rat erlaubte zur Herstellung des «roten» Hopfenbiers nur Gerstenmalz. In Bamberg verfügte der Bischof
1315, dass fortan im Stadtgebiet für Bier, das gegen Entgelt verzapft oder exportiert werden soll, nur Gerste oder Dinkel vermälzt werden dürfen. Und im bayerischen Reinheitsgebot von
1516 ist ebenfalls Gerstenmalz für Hopfenbiere festgeschrieben. Heutzutage kann man natürlich aus Hafermalz bekömmliche Biere herstellen, und auch im 15. Jh. wurden in den Niederlanden gehopfte «gelbe» Keutebiere, die einen signifikanten

Haferanteil enthielten, erfolgreich vermarktet. Die Inkompatibilität zwischen Hopfen und Haferbier ist eine Frage der Mälzung, der Maischtechnologie, des Haferanteils an der Schüttung oder der verwendeten Hafersorten.

Es gibt noch weitere Gesichtspunkte. Dass Hopfen Getränke haltbar macht, wusste schon Hildegard von Bingen: «*durch seine Bitterkeit verhindert er einen gewissen Verderb in Getränken, zu denen er gegeben wird, so halten sie länger.*» Der in diesem Zitat angesprochene Verderb ist mikrobieller Art, und die keimabtötende Wirkung von Hopfen ist heute gut dokumentiert. Davon sind aber auch die Milchsäurebakterien betroffen, die für die Herstellung und Stabilität von Bier unverzichtbar sind. Daher erfordert das Hopfenbrauen eine veränderte Gärungstechnologie. Zahlreiche Berichte über misslungenes Bier und die Vielzahl von meist streng gehüteten Zutaten und Rezepten zur «Heilung» sauren Biers belegen, dass das Problem bis ins 19. Jh. nicht völlig gelöst werden konnte. Möglicherweise wurden zunächst vom Hopfen neben den Dolden auch Samen, Blätter oder Wurzeln zum Brauen verwandt – so wie vom eng verwandten Hanf. Verschiedene Kräuterbuchautoren wie Jacob Tabernaemontanus (1522–1590) zählen jedenfalls neben der Verwendungsmöglichkeit von Dolden auch solche für Blätter/ Laub, Wurzeln, Samen, Sirup und Hopfensaft auf. Und noch 1668 moniert eine Nürnberger Ratskommission, dass «Zwiebeln, Hopfenreben und Weiden» unter den Hopfen gemischt werden.

Ein letzter Grund für die langsame Verbreitung des Hopfenbiers war der Widerstand der Grutherren – Fürsten, Städte und Privatpersonen –, die aus dem Verkauf von Bierwürzen ein gutes Einkommen erzielten. Der Versuch, das Hopfenbier zu verbieten, schlug aber überall fehl. So wurden die Grutabgaben nach und nach durch andere Steuern z. B. auf Malz oder Hopfen substituiert. Trotzdem hielt sich Grutbier noch bis weit in das 18. Jh. in Tecklenburg, Osnabrück und Oldenburg. Schließlich erzwang die Obrigkeit um 1725 durch strenge Verbote das Ende des Grutbiers, dem inzwischen angedichtet wurde, sein Genuss würde zur Erblindung, ja sogar zum Tode führen. Dafür gibt es aber keine Belege. Von Hildegard von Bingen bis Tabernaemontanus bestätigen viele Autoren, dass das Grutbier – wie Ale – ein sehr bekömmliches, unbedenkliches und fröhlich stimmendes Getränk sei. Es waren vielmehr die wirtschaftlichen Zwänge – vor allem die Notwendigkeit, eine steigende Biernachfrage mit einem erschwinglichen Getränk zu befriedigen –, nicht der Publikumsgeschmack, die dem Hopfenbier zum Sieg verhalfen.

Wo Leute sind, gibt es auch Kunden: Das Hopfenbier als Handelsgut

Mit der Gründung von Lübeck (1158/59) und bald darauf seiner Tochterstädte Riga (1201), Rostock (1218), Wismar (1228), Stralsund (1234) und Danzig (1238) nach lübischem Recht gelangte der Ostseehandel in die Hände der dortigen Kaufleute und wurde mit dem Englandhandel und niederländisch-flandrischen Fernhandelsnetzwerken verknüpft. Dieses variable Netzwerk aus zuerst Kaufmannskonsortien und später zeitweise verbündeten Städten wird gemeinhin als Hanse bezeichnet. Die Stärke der Hanse lag in der Kontrolle des Seehandels mit Holz und Lebensmitteln und in ihrer Überlegenheit zur See, die einem neuen Schiffstyp, der Kogge, geschuldet war. Dabei spielte auch Bier eine sehr wichtige Rolle.

Der Handel der Hanse erstreckte sich von Nowgorod bis London und von Halle bis Island. Die Flussläufe von Weser, Rhein und Elbe und besonders die Nord- und Ostsee dienten als Hauptstraßen des hanseatischen Güteraustausches. Neben ihrer beachtlichen Binnenflotte verfügten die Hansestädte in ihrer Blütezeit auf der Nord- und Ostsee über eine Flotte von bis zu 1000 Schiffen mit einer Ladekapazität von mehr als 60 000 Tonnen. Die speziell für die Seefahrt hergestellten gehopften «*Schiffsbiere*» müssen sehr nahrhaft und haltbar gewesen sein. Als Schiffsbiere wurden nicht nur Produkte aus dem Heimathafen des jeweiligen Schiffs verwendet, sondern sie wurden auch anderswo zugekauft. So führten z. B. die Norwegen- und Islandfahrer aus Hamburg auch Lüneburger und Lübecker Rotbier mit. Schiffsbier war also ein Handelsgut.

Noch wichtiger als das Schiffsbier war das Seebier, das ausschließlich für den Export hergestellt wurde. Als Erste exportierten die Bremer ein Hopfenbier und erschlossen sich dafür im 13. und frühen 14. Jh. Märkte in Flandern und in den Niederlanden. Einige Tonnen Schiffsbier, Schmalbandt-Bier, gehörten zur Ausstattung eines jeden Bremer Handelsschiffs und dürfte wohl die ersten Kunden von der Qualität des sehr preisgünstigen Getränks überzeugt haben. Im Folgenden entwickelten die Bremer ein spezielles Rotbier (aus dunklem Malz) für den Export. In der Akziserolle des Grafen Floris V. von Holland für Haarlem 1274 sind Steuern von 4 Pfennigen pro Ohm (Volumeneinheit, ca. 170 Liter) verzapften Bremer Biers verzeichnet, was zeigt, dass das Bremer Bier in den Niederlanden einen Markt gefunden hatte. Ein ähnliches Bier wie die Bremer boten bald auch Hamburger Kaufleute an. Schon im ältesten Hamburger Schiffsrecht wird Bier als Exportartikel erwähnt, und Streitigkeiten mit friesischen Städten um den Zoll auf Hamburger Bier im Jahr 1296 belegen, dass sich das Hamburger neben dem Bremer Bier etabliert hatte. 1307 kam es während innerstädtischer Auseinandersetzungen zu dem bereits erwähnten Nachlassen der Qualität des Bremer Biers und wohl auch zu einer Abwanderung von Bremer Brauern nach Hamburg. Jedenfalls verschwand das Bremer Bier vom Markt. Vor allem Hamburg exportierte in der Folgezeit beträchtliche Mengen Bier über seine Niederlassungen im holländischen Amsterdam und im friesischen Stavoren. In der zweiten Hälfte des 14. Jh.s lag der jährliche Bierausstoß Hamburgs schon deutlich über 200 000 Hektolitern (davon ca. 50 000 hl Exportbier) und trug der Stadt den Titel «Brauhaus der Hanse» ein. Ein beträchtlicher Teil der Hamburger Wirtschaftskraft war zu dieser Zeit vom Bierexport abhängig. Als Hamburg im Jahr 1375 sein Produkt von «rotem» Haferbier auf ein «weißes» Weizenbier umstellte, wurde im folgenden Jahr ein Bestand aller Gewerbetreibenden aufgenommen. Von insgesamt 1075 Personen waren nicht weniger als 457 im Braugewerbe tätig. Von diesen exportierten 126 Bier nach Amsterdam («*braxatores de Aemstelredamme*») und 55 nach Stavoren («*braxatores de Stavria*»).

Neben Hamburg spielten vor allem die Küstenstädte der Ost-
see eine Rolle als Bierproduzenten, allen voran Lübeck und
Wismar. Nach Skandinavien, insbesondere Norwegen, wurde
Lübecker Bier bereits im 12. und 13. Jh. exportiert. Im 14. Jh.
konnten sich dann Biere aus Wismar, Rostock und Stralsund als
«Ostersches Bier» sowie die Gebräue aus Danzig und Elbing als
«Preußisches Bier» den Ostseeraum erschließen. Ostersches
Bier wurde aber auch an der Nordseeküste zwischen Holland
und Flandern verkauft. Bei all diesen Produkten handelte es sich
um Rotbiere.

Der Bierausstoß der Seestädte betrug in ihrer Blütezeit mehr
als hunderttausend Hektoliter pro Jahr. Das erforderte natürlich die entsprechenden Braukapazitäten und die Verfügbarkeit
großer Mengen an qualitativ hochwertigen Rohstoffen. Danzig
und Hamburg lagen gewissermaßen direkt an der Quelle, denn
auf Weichsel und Elbe wurden große Mengen Getreide für den
Überseetransport verschifft. Da beide Städte das Stapelrecht besaßen, konnten sie von jedem Schiff fordern anzulegen und die
geladene Ware zuerst auf dem städtischen Markt feilzubieten.
Hamburg war nicht zuletzt deswegen im Spätmittelalter einer
der größten Getreidehandelsplätze in Europa. Zudem verfügten
Hamburg und Danzig wie auch Wismar, Rostock und Stralsund
über ein Hinterland, in dem viel Getreide produziert wurde.
Gleiches galt für den Hopfen. Auf der Elbe gelangte böhmischer, sächsischer und Magdeburger Hopfen nach Hamburg;
doch auch in dessen eigener Umgebung wurde reichlich Hopfen
angebaut. So war Hamburg auch der bedeutendste zentraleuro-
päische Hopfenmarkt. Und die Ostseestädte konnten auf die
großen Hopfengärten in ihrem Umland, in Mecklenburg und in
Pommern, zurückgreifen.

Nahrungsmittel waren wichtige Handelsgüter der Hanse-
kaufleute. An erster Stelle standen gesalzene Heringe und Nor-
weger Stockfisch, die als Proteinquelle und Fastenspeise bei der
sehr kohlenhydratlastigen Ernährung im ausgehenden Mittelalter eine große Bedeutung besaßen. An zweiter Stelle rangier-
ten Getreide und deren Verarbeitungsprodukte: Mehl, Malz
und Bier. Für die skandinavischen Staaten war die Lieferung

dieser Güter lebensnotwendig, aber auch die dichtbesiedelten Regionen in Flandern und Holland waren darauf angewiesen. Da Malz als Veredlungsprodukt höherpreisig und auch verderbsresistenter als Getreide ist, fungierte es neben dem Bier als beliebtes Handelsprodukt. Vor allem in Stralsund und Rostock wurde für den Export gemälzt.

Neben dem Schiffsbier und dem Exportbier gab es noch eine dritte Kategorie, nämlich das Bier, das in den Städten selbst und in ihrem unmittelbaren Umland konsumiert wurde. Die schwere Strafandrohung, einen Delinquenten bei Brot und Wasser zu halten, zeigt, dass ein Leben ohne Bier entsagungsreich und oft lebensgefährlich war. In Norddeutschland entwickelte sich im späten Mittelalter eine eigene Ernährungskultur, die deutlich von der süddeutschen einerseits und skandinavischen andererseits unterschieden war. Ein zentraler Bestandteil dieser Kost war das Bier. Es wurde nicht nur als allgegenwärtiges Getränk genossen, sondern gehörte auch in Form von «Bierbroten» (Brot-Bier-Brei aus Schwarzbrot, das in gekochtes Bier gebrockt und dann geschmälzt wurde) und «Biersuppen» zum täglichen Speiseplan. Das tägliche Bier war ein alkoholarmes Dünnbier, das z.B. als Kofent (von «Konvent», das mittelalterliche Bier der Laienbrüder im Gegensatz zum Vollbier der Mönche), Nachbier/Afterbier (ursprünglich eine Mischung aus Kofent und Bier), Glattwasser, Kesselbier oder Tafel-/Hausbier bezeichnet wurde. Zwischen den «guten» Exportbieren und diesen «geringeren» Bieren, die vor allem für den bürgerlichen Alltag, das Gesinde, Soldaten oder Arme gedacht waren, wurde genau unterschieden. Das in den Quellen häufig anzutreffende Verbot, gutes und geringeres Bier zu mischen, und die nicht seltenen Geldstrafen für Überschreitungen sind ein Indiz dafür, dass diese Praxis nicht selten war. Dabei spielte aber aus heutiger Sicht nicht nur die Betrugsabsicht eine Rolle, sondern auch der Umstand, dass Biere mit höherer Stammwürze überproportional wichtige Aromen aufbauen. Werden starke und schwache Biere vermischt, so haben Biere mit «normaler» Stammwürze mehr positive Aromen als unverschnittene Normalbiere.

Nur an Feiertagen kam bei den Durchschnittsbürgern auch

ein stärkeres Bier auf den Tisch. Trotzdem hatten auch die Dünnbiere bis ins späte 17. Jh. einen recht hohen Kaloriengehalt. Jeder Einwohner konsumierte im statistischen Durchschnitt zwischen 0,8 und 2 Liter Bier pro Tag, was angesichts der stark gesalzenen Nahrungsmittel wie Stockfisch, Salzhering oder Pökelfleisch nicht überrascht. Die gestiegene Bedeutung des Biers spiegelt sich ferner in der Aufwertung und künstlerischen Ausgestaltung von Trinkgefäßen, wie sie sich im Köln-Siegburger Steinzeug oder den zinneneren «Hansekannen» manifestiert.

An die Ausstoßmengen der Hansestädte kamen die Brauzentren im Binnenland bei weitem nicht heran. Sie waren auf den Landtransport für die Beschaffung von Vorräten und den Export ihrer Produkte angewiesen und damit in ihren Möglichkeiten stark eingeschränkt. Konnte ein Hanseschiff ungefähr 90 Tonnen Getreide oder 1000 Hektoliter Bier mit einer Geschwindigkeit von 25–60 km pro Tag transportieren, so vermochte ein Fuhrwerk gerade einmal ca. 10 Hektoliter mit einer Geschwindigkeit von 15–25 km pro Tag zu bewegen. Der Landtransport verteuerte den Bierpreis um 35–70% pro 100 km. Billiger war sicher der Transport mit Flößen oder Binnenschiffen, aber selbst bei Talfahrt kamen Binnenschiffe nicht annähernd an die Frachtraten der Seefracht heran. Die Binnenstädte operierten deshalb in der Regel mit kleineren Märkten und größeren Risiken, vor allem, wenn mehrere Konkurrenten nahe beieinanderlagen oder wenn die Ernten schlecht ausfielen. Daher diente die Bierherstellung im Landesinneren in erster Linie den Bedürfnissen der eigenen Bürger. Trotzdem gelang es einigen Städten, über den Eigenbedarf hinaus ein sehr hochwertiges Produkt herzustellen und es überregional zu vermarkten. Diese Biere erzielten dann auch entsprechend hohe Preise. Zu diesen «Luxusbieren» zählten das Schweidnitzer Märzenbier, der Breslauer Schöps, die Braunschweiger Mumme und das Einbecker Bier.

In Schlesien, wo fruchtbare Böden reiche Getreideerträge ermöglichten, wurden bereits im späten 13. Jh. Malzfabrikation und Bierherstellung in größerem Maßstab betrieben. Als Glied in der Fernhandelskette von Russland über Krakau nach Leipzig und Magdeburg hatten die schlesischen Städte Anteil am internationalen Warenverkehr. So gelang es dem Schweidnitzer Märzenbier und dem Breslauer Schöps, sich als gesuchte Exportbiere zu positionieren. Während das Schweidnitzer Märzenbier aus sehr süßem, dunklem Gerstenmalz hergestellt wurde, handelte es sich bei dem Breslauer Schöps um ein Weizenbier. Von ganz anderer Natur war die Braunschweiger Mumme, ein dunkles, sehr stark eingebrautes und gehopftes dunkles Gerstenbier, das mit Wacholderbeeren, Fichtensprossen Gewürzen und Früchten zusätzlich aromatisiert wurde. Die Mumme erwies sich als überaus haltbares Getränk, das seit dem 15. Jh. trotz des gewöhnungsbedürftigen Geschmacks weltweit als Schiffsbier geschätzt wurde. Das berühmteste der inländischen Exportbiere aber war das Einbecker Bier, das seit Beginn des 15. Jh.s in größeren Mengen entlang der Hanse-Handelsstraßen exportiert wurde. All diesen und anderen zwischen dem 14. und dem 17. Jh. überregional vertriebenen Bieren waren fünf Eigenschaften gemeinsam: 1) Sie waren städtische Produkte und stellten einen bedeutenden Wirtschaftsfaktor für ihren Standort dar. 2) Die Inhaber der Exportbierbrauereien waren in erster Linie Kaufleute und keine Techniker. Die Brauer in den Hansestädten waren Eigentümer eines Hauses, auf dem ein Braurecht lag, und überließen die Bierherstellung angestellten Fachleuten, den Schopen- oder Schupenbrauern. Der Name leitet sich von der charakteristischen Schöpfkelle mit langem Stiel, der Schupe, Schuffe oder Schope ab. 3) Die Exportbiere waren zu ihrer Zeit recht hochwertige Massengüter, die beim Endverbraucher zwei- bis viermal mehr als gute einheimische Biere kosteten. Deshalb hing viel von ihrem Markenwert ab, der seinerseits von einer gleichbleibend hohen Qualität und einer positiven Mundpropaganda bestimmt wurde. Nach Aufkommen des Buchdrucks war es fast unverzichtbar, in Publikationen berühmter Fachleute wie Heinrich Knaust (1520–1580), Johannes Placotomus (1514–1577) oder Martin Schoockius (1614–1669) Anerkennung zu finden. Exportbiere, die im selben Handelssystem vertrieben wurden, mussten natürlich Alleinstellungsmerkmale aufweisen. Meist konnten ein dunkles Gerstenbier und ein helles Weizenbier nebeneinander existieren, während von völlig gleichartigen Bieren wie beispielsweise dem Bremer und dem Hamburger Rotbier eines bald aus dem Markt verschwand. 4) Die Herstellung dieser Biere war streng reglementiert, denn die Städte hatten ein großes Interesse an den Einkünften und den Arbeitsplätzen, die der Bierexport generierte. Andererseits mussten sie aber darauf achten, dass die Exportbierbrauerei keine Dimension annahm, die die Versorgung der Bevölkerung mit Getreide gefährdete. Daher wurde die Zahl der Exportbierbrauer beschränkt. Um die Qualität zu gewährleisten und den Getreideverlust durch misslungene Sude zu minimieren, wurden Brauperioden, Rohstoffmengen pro Brau und Brauverfahren detailliert vorgeschrieben. Die Qualitätsnormen wurden streng überwacht und Verstöße dagegen streng geahndet. 5) Der Fernhandel mit Bier blühte nicht deshalb, weil ein bestimmtes Bier unwiderstehlich war, sondern weil es eine große Nachfrage nach Bier gab. Gehandelt wurde, was sich verkaufen ließ. Als ihr einheimisches Bier nicht mehr nachgefragt wurde, transportierten Bremer Schiffer Braunschweiger Mumme, die über Land nach Celle und von dort über Aller und Weser nach Bremen geschafft wurde. Der Bierhandel hing auch nicht an bestimmten Handelskonsortien wie der Hanse, so waren etwa neben vielen anderen auch Nürnberger oder Erfurter Kaufleute daran beteiligt.

Die große Nachfrage nach gutem Bier blühte in einer Zeit, wo das Hopfenbier eine Novität und die Herstelltechnologie noch nicht weit verbreitet war. In dem Moment, in dem die Hopfenbiertechnologie Allgemeingut geworden und Rezepte wie Geräte überall erhältlich waren, verlor das Hopfenbier seinen Wert als überregionales Handelsgut. Zuerst traf es die Hansestädte. Die Niederländer hatten dank neuer Schiffstypen und viel besserer Kapitalausstattung im 15. Jh. die Heringsfischerei und den Handel der Hanse in der Nord- und Ostsee weitgehend übernommen. Sie hatten auch gelernt, selbst gute Hopfenbiere zu brauen, die sie als «Frachtleute Europas» rings um Nord- und Ostsee verkauften. Das niederländische «gelbe» Keutebier wurde sogar zeitweise in Nordrhein-Westfalen zum Verkaufsschlager. Der Ausstoßrückgang in den Hansestädten war so dramatisch und unerwartet, dass in Wismar sogar verboten werden musste, Brauhäuser abzureißen. Das hanseatische Großbürgertum zog sich aus dem Braugeschäft zurück und überließ es den mehr handwerklich-technisch orientierten Brauern, den heimischen Bedarf zu decken. So verlor das Bier seinen Status als Fernhandelsgut, den es erst mit dem bayerischen Lagerbier wiedergewinnen sollte.

6. Die neue Welt

Neue, schnelle Zeiten

Die ca. 20 Meter lange Karacke Vittoria, die am 6. September 1522 mit 18 Mann Besatzung im andalusischen Hafen Sanlucar anlegte, war das erste Schiff, das die Welt umrundete. Im gleichen Jahr erschien Luthers deutsche Fassung des Neuen Testaments, löschte der türkische Sultan Suleiman mit der Eroberung der Johanniterfestung Rhodos das letzte Zeugnis der Kreuzzüge aus, und die reformierte Kirche betrat mit einem Wurstessen erstmalig die Bühne der Weltöffentlichkeit. Im 16. Jh. veränderte sich die Welt in einer für die Zeitgenossen kaum nachvollziehbaren Geschwindigkeit und setzte Entwicklungen in Gang, die bis heute fortdauern.

Mit der Inbesitznahme des amerikanischen Kontinents strömten zunehmend Silber und Gold über den Atlantik, und auch die mitteleuropäischen Silber- und Kupfergruben konnten dank einer verbesserten Bergbautechnik höhere Ausbeuten liefern. Kredite wurden erschwinglicher und die Verfügbarkeit von Metallerzeugnissen wuchs, was sich u. a. im Kupferstich und in der Verbreitung von Kupferkesseln und -pfannen niederschlug. Indessen stieg auch die Inflation und Braurohstoffe wurden teurer, während sich die Reallöhne und der obrigkeitlich festgesetzte Bierpreis nicht annähernd im selben Maß erhöhten.

Vor allem vier Entwicklungen wirkten sich langfristig auf das

Brauwesen aus: 1) die flächendeckende Implementierung neuer
Brautechnologien, 2) die zunehmenden staatlichen Eingriffe in
die Wirtschaftlichkeit der Bierproduktion durch Besteuerung,
Festsetzung der Bierpreise und der Ausbeuten, 3) die Verteufe-
lung des Trinkens und die Reaktion darauf und 4) die Profes-
sionalisierung des Brauwesens. Alle vier Entwicklungen waren
natürlich eng miteinander verknüpft.

Der weiße und der rote Stern: Neue Brautechnologien

Dem Fremden, der gegen Ende des 16. Jh.s durch die freie
Reichsstadt Nürnberg spazierte, fielen sicher die silbernen oder
roten sechseckigen Sterne an manchen Gebäuden auf. Das
Hexagramm als Brauerzeichen war damals schon ca. 150 Jahre
in Gebrauch. Seine älteste Darstellung findet sich in der auf ca.
1425 datierten Abbildung eines Nürnberger städtischen Braumeisters, Herttel Pyrprew (Hertel Bierbräu), im ersten Band der
Hausbücher der Mendelschen Zwölfbrüderstiftung. Es ist inte-
ressant, dass das Hexagramm ungefähr zur selben Zeit, in der
zweiten Hälfte des 14. Jh.s, als Brauersymbol und als David-
stern im fränkisch-böhmisch-Oberpfälzer Raum in Gebrauch
kam. Als Bierzeiger (Zoigl) hat es sich zumindest in Oberfranken und der Oberpfalz bis heute erhalten.

Das traditionelle Nürnberger Getränk war ein «Rotbier»,
dessen Ausschank durch einen roten Brauerstern angezeigt
wurde. 1531 erlaubte der Nürnberger Rat dem Atlasmacher
Peter Preymund «niederländisches» Bier zu brauen. Damit begann die Weißbierbrauerei, und der Ausschank dieses Produkts
wurde durch den weißen Stern markiert. *Weißbier* bezeichnet
bis ins 18. Jh. generell helle Biere. Reines Weizenbier wurde in
Nürnberg erst ab 1634 in Eigenregie der Stadt hergestellt. Wei-
zenbiere sind oft, müssen aber nicht hell sein. Das Nürnberger
Weizenbier hatte eine dunkelbraune Farbe.

Die Einteilung in «Schwarz-» bzw. «Rotbiere» und «Weiß-
biere» war weit verbreitet. Schon den Zeitgenossen fiel auf, dass
das Hamburger Exportbier von 1374 deutlich heller war als die
traditionellen «rötlichen» Biere. Auch in der Rolle der Kulmer

Bierbrauer von 1471 wurde zwischen «Schwarzbier» und «Weißbier» und in Breslau zwischen schwarzem und weißen Schöps
unterschieden. Das Nürnberger Rotbier war ein stärker gehopftes und, im Unterschied zum weniger gehopften, helleren obergärigen Weißbier, ein seit dem 14. Jh. untergärig gebrautes Bier.
Beide wurden aus Gerstenmalz hergestellt; erst im 17. Jh. enthielt
das Nürnberger Weißbier auch Zusätze von Weizenmalz. Gemeinhin wurde die unterschiedliche Farbe der Biere auf die Verwendung von dunklem «Darr-» bzw. hellem «Luftmalz» zu-
rückgeführt. Allerdings verwendeten die Niederländer, die als
Experten für die Herstellung von hellen Bieren galten, gedarrtes
Malz. Unbestritten hat die Farbe des Malzes einen großen Einfluss auf die Färbung des Biers, aber der Unterschied zwischen
«Rot-» und «Weißbieren» war wohl vor allem durch die Herstelltechnologie bedingt.

Diese änderte sich zwischen dem späten 14. und Mitte des
16. Jh.s auf allen Ebenen des Brauvorgangs, angefangen beim
Mälzen. Luftmalz, das in ganz dünnen Schichten ausgebreitet
trocknete («welkt»), war in der Regel nur ein Zwischenpro-
dukt. Die 1- bis 3-tägige Lufttrocknung sollte verhindern, dass
nassfeuchtes Grünmalz auf die Darre kam. Für das Hausbrauen,
in kleinen Brauhäusern ohne Darre und in Gegenden mit geeig-
netem Klima verwendete man Luftmalz, das auf einer großen
Fläche unter häufigem Wenden mehrere Wochen lang getrocknet worden war. Gelang es, das Grünmalz zügig unter 14%
Feuchte zu trocknen, so war es ebenso lagerfähig wie Darrmalz.
Bei den Darren selbst gab es seit dem 15. Jh. eine Vielzahl von
Varianten, die von einem Rost oder Weidengeflecht über einem
offenen Feuer bis zu indirekten Darren, wo die Heizgase durch
Röhren geleitet wurden und nicht mit dem Malz in Kontakt
kamen, reichte. Die Regel waren Malze mit deutlichem Rauch-
geschmack.

Im Mittelalter wurde üblicherweise im Kessel über dem offenen Feuer gemaischt, zumal eine Erhitzung auf 70–80 °C aus-
reicht, um eine geeignete Würze herzustellen. Zudem bleiben
dabei wertvolle pflanzliche Inhaltsstoffe der Bierwürze erhalten.
Bis zur Verfügbarkeit preiswerten Kupfers im späten Mittelalter

gab es keine Alternative zum eisernen Braukessel, der natürlich
weder energieeffizient noch qualitätsfördernd war. Seit dem
14. Jh. wurde der kupferne Kessel zum Standard. Um der gestei-
gerten Nachfrage nach Hopfenbier zu marktgerechten Preisen
nachzukommen, wurde seit dem 15. Jh. das Volumen von Braukesseln, die die Größe des «Braus» bzw. «Gebräus» limitieren,
immer weiter erhöht. Während im Binnenland Kessel mit einem
Fassungsvermögen von 600–1200 Litern die Regel waren, so
fanden sich in den exportorientierten Hansestädten Sudgefäße
mit mehreren tausend Litern Fassungsvermögen. Die Kupfergefäße wurden aus Stabilitätsgründen und zur besseren Energieeffizienz fest in einen Herd eingemauert. Selbst wenn städtische
Leih-Braugefäße nur zeitweise in einem Haus aufgestellt waren,
wurde in der Diele ein Unterbau gemauert und nach Beendi-
gung des Brauvorgangs wieder eingerissen. Letztendlich hatte
der bauchige Kessel zu Beginn des 16. Jh.s ausgedient. «Kesselbier» wurde zu einem Synonym für Hausbrauen, speziell für
das Bier, das ärmere Bevölkerungsschichten aus Rohfrucht und
Kleie herstellten. Noch zu Beginn des 17. Jh.s empfahl die Mas-
sachusetts Bay Company Auswanderern nach Amerika, unbedingt einen Kupferkessel zum Bierbrauen mitzunehmen. An die
Stelle des Kessels trat bei den gewerblichen Brauern die Braupfanne. Diese flachen und rechteckigen Gefäße waren auf ein
eisernes Untergestell oder einen Ofen montiert und dank ihrer
großen Bodenfläche energieeffizient. Die Umstellung von Kessel
zur Pfanne lässt sich noch heute in den Nürnberger Haus-
büchern erkennen. Bis in das erste Drittel des 15. Jh.s wurden
Brauer bei der Arbeit an ihren Braukesseln abgebildet, später
nur noch mit Schöpfkellen.

Mit der Einführung immer größerer Kupfergefäße wurde es
unabdingbar, den Maisch- und den Kochprozess zu separieren
und zwei verschiedene Gefäße für Kochen und Maischen zu
verwenden. Kessel oder Pfannen dienten dazu, Wasser zu erhitzen, das dann nach und nach in einen hölzernen Maischbottich
mit dem geschroteten Malz geschöpft wurde. In der Regel ließ
man die fertige Maische eine gewisse Zeit ruhen, wobei sich
grobe Bestandteile absetzten. Alternativ konnte sie über einen

doppelten Boden oder eine Lage Stroh von den Trebern getrennt werden. Eine Filtration der Maische oder auch des fertigen Biers fand nicht statt. In selteneren Fällen mag auch die Maische mitsamt Treberbestandteilen und Hopfen gekocht worden sein. In der Regel wurde aber die Würze ganz oder teilweise wieder in die Pfanne überführt, um dort mit Hopfen versetzt und abschließend gekocht zu werden.

Menge und Qualität der Hopfengabe, aber noch mehr die Art des Hopfenkochens hatten großen Einfluss auf Farbe, Geschmack und Haltbarkeit des Biers. Üblich waren Kochzeiten von 2–4 Stunden, eher selten wurde über 20–30 Stunden gekocht, um die Würze zu konzentrieren. Die beim Kochen gebildeten bitteren iso-α-Säuren des Hopfens trugen nicht nur zum Bittergeschmack bei, sondern unterbanden auch eine rote Verfärbung des Biers. Alternativ konnte der Hopfen auch in Wasser gekocht und dann der abgeseihte Auszug der Würze zugegeben werden. Hopfenwasser wurde auch – wegen seiner keimtötenden Wirkung – zum Weichen des Getreides beim Mälzen verwendet. Ein bisweilen als übermäßig empfundener bitterer (Fehl-)Geschmack mag aus der weitverbreiteten Vorgehensweise, das getrocknete Malz nicht zu entkeimen, resultiert haben.

In England – und auch anderswo – wurde das Hopfenstopfen praktiziert, wobei ein Säckchen mit Hopfen und eventuell anderen Gewürzen in das gärende oder lagernde Bier gehängt wird. Bis heute wird in England befruchteter Hopfen verwendet (im Unterschied zu Deutschland, wo überwiegend unbefruchtete Dolden eingesetzt wurden). Neuere Untersuchungen haben gezeigt, dass solche «kaltgehopften» Biere enzymatisch zahlreiche an Zucker gebundene Hopfenaromastoffe freisetzen, die dem Bier eine weniger bittere, aber dafür aromatische Note verleihen.

Eine weitere Veränderung betraf die Gärung. Im Mittelalter wusste man zwar um den Zusammenhang zwischen Hefe und Fermentation. Eine gezielte Hefevermehrung zum «Anstellen» der Würze war aber nicht üblich. Durch den langen Kochvorgang beim Hopfenbier wurden alle Mikroorganismen in der

Würze abgetötet, und die Hopfengabe bewirkte, dass sich sehr viele Milchsäurebakterien nicht mehr vermehren konnten. Damit entfiel die Würzesäuerung durch Milchsäurebakterien, die aus der Umgebung in die gärende Würze gelangt. Hefen allein senken bei der Gärung den pH-Wert nur auf etwa 4,2 bis 4,4 ab, während er in Gegenwart von Milchsäurebakterien bis unter 3,8 absinken kann. Das wirkte sich auf die Bierfarbe und die Stabilität des Bieres aus. Deshalb wurde die sterile Würze mit relativ hohen Hefegaben angeimpft, um Bierschädlinge an der Vermehrung zu hindern.

Eine folgenreiche Neuerung war die Untergärung. Bayern und die Habsburger Stammlande waren bis etwa zum Jahr 1500 überwiegend Weinländer. Noch zu Beginn des 16. Jh.s beschreibt Johannes Aventinus (1477–1534) die Bayern als ein Volk, dessen Männer Tag und Nacht beim Wein sitzen. Der «Bayerwein» gehörte zum täglichen Deputat von Mönchen, Soldaten und Beamten und wurde zuweilen zur Qualitätsverbesserung mit Hopfen, Fenchel und Weinstein gewürzt. Deshalb war es im 14. und 15. Jh. immer wieder möglich, in Zeiten der Getreideknappheit das Brauen in Bayern überhaupt zu verbieten. Das Verbot hatte ja keine drastischen Auswirkungen auf die Getränkeversorgung der Bevölkerung. Als zu Beginn des 16. Jh.s der Wein sehr schnell hinter das Hopfenbier zurücktrat, wurde neben den traditionellen obergärigen Bieren gleich auch untergäriges Bier hergestellt. Wann, wo und warum zuerst untergärig gebraut wurde, ist im Nachhinein schwer festzustellen, da die in zeitgenössischen Quellen gebrauchten technischen Begriffe vieldeutig sind. Die Brauersprache passte zuerst vorhandene Begriffe der neuen Verfahrensweise an und bildete erst als letzte Lösung neue Begriffe. Beliebt war zum Beispiel die Einteilung in «Sommer-» und «Winterbier», die häufig mit einer Beschränkung der Mälz- und Brauperiode auf die kalte Jahreszeit einherging. Daraus kann man aber nicht unbedingt auf Untergärung schließen, da solche Bezeichnungen auch für eindeutig obergäriges Bier verwendet wurden. In beiden Fällen gab es auch «Hefner», also eine Berufsgruppe, die Hefe über die Zeit der Braupause aufhob, pflegte und sie dann zu Beginn der Brausaison wieder vermehrte. Auch der Begriff «Lagerbier» oder «Kellerbier» ist zwar ein sehr gutes, aber nicht hundertprozentiges Indiz für die Praxis untergäriger Herstellung. Sicher mussten untergärige Sommerbiere gelagert werden. Aber die vermutlich erste Nennung von «Lagerbier» bei Johann Colerus (1566–1639) bezieht sich auf obergäriges Bier. Den wohl sichersten Hinweis auf untergäriges Brauen bietet die Beschreibung der verwendeten Hefen. Bis ins 16. Jh. wurden sie nicht sehr differenziert als «bärme» oder «geest», vielleicht auch als «fermentum» bezeichnet, während das sogenannte Engelmannsbuch um 1520 von «ghore» spricht. Im 16. Jh. wurde dann schon genauer differenziert: In München war zeitweise Hefe «germ», beim Brauprozess «Zeug» und was an die Bäcker ging, war «Hepfen». In Wismar wurde 1535 zwischen «gest» (der Hefe, die oben abgezogen wurde) und der «underbarme» (der Teil der obergärigen Hefe, die nach Abzug des Biers unten im Gärbottich verblieb) unterschieden. Bei englischem Ale wurde 1542 zwischen «yest» (Hefe), «barm» und «goddesgood» differenziert. Im Entwurf einer Münchner Brauordnung wird 1551 festgestellt: «*Zum andern sollen sie nach gerst, guetten hopffen und wasser das pier unnd hepffen ein recht sutt und kielung geben, auch die untergier geben.*» Demzufolge wurde also untergärig gebraut. Über das Aufkommen untergäriger Biere in München sind wir durch einen Beschwerdebrief der Münchner Brauer aus dem Jahre 1513 informiert, in dem es heißt: «*Aber ob 30 jaren sind ettlich behemisch knecht alher komen pier auf die behemische art der undern gir gemacht, das haben wir, ain ambt in kraft unser lehenschaft widerfochten und nit gern gesehen.*» Das sogenannte *böhmische* untergärige Bier stammte sicher nicht aus Böhmen, wo bis weit in das 19. Jh. hinein obergärig gebraut wurde. Aber im Jahr 1483, also ungefähr die genannten 30 Jahre vor dem Beschwerdebrief, erwarb der Bierbrauer Jacob Riegenecker aus Eger das Münchner Bürgerrecht. Die freie Reichsstadt Eger war zwar an Böhmen verpfändet, durch ihre Geschichte und Lage gehörte die Stadt aber in den oberfränkisch/Oberpfälzer Raum. Das dortige raue Klima und die zahlreichen Felsenkeller, die seit alters zur Lagerung von Vorräten genutzt wurden, boten ideale Voraussetzungen zur Herstellung von untergärigem Bier. Interessanterweise bestimmt eine Nabburger Brauordnung aus dem Jahr 1474, dass neben obergärigem Bier zu einem Teil auch die kalte, untergärige Gärführung und Lagerung zur Anwendung kommen solle, um während des Sommers einen Vorrat an gutem Bier zu haben. Das Kloster Waldsassen, 10 km von Eger entfernt, hatte Besitzungen um Nabburg. Auf die Oberpfalz als Zwischenstation bei der Ausbreitung des untergärigen Biers weist auch der im Oberpfälzer Kallmünz als Zöllner und Schulmeister tätige Christoph Kobrer (1525– nach 1584) in seinem 1581 erschienenen Buch über das Bierbrauen hin. Darin beschreibt er als Erster detailliert drei Typen der Gärung: 1) die obergärige Herstellung von Braunbier in Bottichen, 2) die obergärige Fassgärung für Weizenbier und 3) «die Truckne (trockene) oder kalte Gyer», die «*zu dem starcken Byer in der Pfalz auch anderer orten gebreüchig*» ist. Die ersten beiden Gärungstypen seien «*nach des Lands in Bayrn/ die drit nach der Pfalz etc. Gebrauch verzaichnet*», wobei «Pfalz» hier natürlich die Oberpfalz meint. Ein weiterer möglicher Ausgangspunkt für untergäriges Bier war Nürnberg mit seinen tiefen Bergkellern, wo möglicherweise schon zu Beginn des 14. Jh.s untergärig gebraut wurde. Eine Ausbreitung der Untergärung von Franken und der Oberpfalz nach Süden ist also wahrscheinlich. Untergäriges Bier blieb aber zunächst auf die Region südlich der Mittelgebirge beschränkt. Nicht, dass sie nicht anderswo bekannt gewesen wäre. Ein Kölner Brauereid von 1698 verlangt von jedem angehenden Brauer, Bier wie von alters her üblich «*wolgesotten mit Oberheffen*» anzusetzen, «*mitnichten aber einig Unterheufft, Dollbier, rohe Wirtz mit schädtlichen Kräuteren, wie die Nahmen haben*» herzustellen. Die Untergärung blieb also für die nächsten 300 Jahre auf Bayern beschränkt und setzte sich, wie das Hopfenbier im 14. und 15. Jh., erst durch, als auf Grund des Verbraucherverhaltens, klimatischer Bedingungen und technischer Neuerungen diese Verfahrensweise alternativlos geworden war.

Die Einführung der geschilderten neuen Technologien war natürlich mit erheblichen Kosten verbunden und beschleunigte dadurch den Konzentrationsprozess im Brauwesen. Im 15. und 16. Jh. bildete sich der Typus des bürgerlichen Brauhauses heraus, wie er sich dann bis ins 19. Jh. erhalten hat. Wegen der von ihnen ausgehenden Brandgefahr unterlagen die Brauhäuser in den Städten einer strengen Feuerschutzordnung. Sie waren aus Stein gemauert und lagen idealerweise am (schiffbaren) Wasser oder an einer breiten Straße. In den spätmittelalterlichen Städten wurde der Verkehr oft auf einer großen Einbahnstraße zum Markt und von dort auf einer anderen Hauptstraße wieder aus der Stadt geführt. Die Brauhäuser lagen in der Regel an solch einer Hauptstraße, und ihre auffallend großen Tore erlaubten den schweren Fuhrwerken mit Rohstoffen oder Fässern ebenso eine ungehinderte Passage wie gegebenenfalls das Einbringen der städtischen Braupfanne. Zudem konnten so die zum oder vom Markt kommenden Menschen mit Bier versorgt werden. Eine sehr große Diele oder ein gesonderter, ausreichend dimensionierter Produktionsraum befand sich im Erdgeschoss. Meist mehrere Stockwerke unter dem Dach dienten als Speicher für die Rohstoffe und als Malzböden, wo das geweichte Malz gekeimt und getrocknet wurde. Oft schloss sich an das Brauhaus ein eigenes Malzhaus an, in dem sich auch die Darre befand. Die Brauhäuser waren in der Regel unterkellert, um Gärbottiche und Lagerfässer in einem kühlen Raum aufzustellen.

Die teuerste Investition waren die Kupfergefäße. Sie kosteten so viel wie ein Einfamilienhaus und wurden daher auch in staatlichen Vermögensveranlagungen getrennt ausgewiesen. Nicht jeder Brauer hatte das Geld dafür. Die bisweilen heftigen Diskussionen in den Stadträten um die Festlegung von Obergrenzen für ein Gebräu belegen, dass die kleineren Brauer versuchten, die Kapazitätsausweitung durch Großbrauer zu verhindern. Weil das auf lange Sicht aussichtslos war, wurden Alternativen erprobt. So blieb die Tradition, Braugefäße im Besitz der Stadt oder der Kirchengemeinde gegen Entgelt zu verleihen, weiter bestehen. Eine Alternative war die Kommunbrauerei, wo in einem städtischen Brauhaus städtische Angestellte mit dem brauenden Bürger sein Bier brauten. Der Vorteil davon war, dass die Investition für die teure Brauereiausstattung von allen

Bürgern getragen wurde und zeitgemäß große Volumina Bier
pro Brau von routiniertem Personal hergestellt werden konnten. Von den städtischen Brauhäusern in großen Städten unterschieden sie sich dadurch, dass das Brauhaus kein Eigenbetrieb
der Stadt zur Sicherung der Bierversorgung war, sondern dass
jeder Brau in Verantwortung und auf Rechnung eines Bürgers
produziert wurde. Die Kommunbrauerei mit ihrem Schwer-
punkt in Franken, der Oberpfalz und Thüringen hat sich dort in
zahlreichen Gemeinden bis in das 20. Jh. gehalten. Neben den
Kommunbrauhäusern gab es in kleineren Städten auch private
Brauhäuser, die dieselbe Funktion wahrnahmen.

Zu jedem Brauhaus gehörte eine zuverlässige Wasserversorgung, denn der Bedarf an Frischwasser betrug beim Brauen
mindestens das 2½-fache des Ausstoßes. Da es noch keine Klär-
anlagen gab, waren die Oberflächengewässer in den Städten
freilich weniger gut zum Brauen geeignet. Konflikte von Brauern mit anderen Berufsgruppen wie z. B. Färbern oder Gerbern,
deren Tätigkeit regelmäßig zur Einleitung von Stoffen führte,
die die Wasserqualität stark beeinträchtigten, waren nicht selten. Deshalb hatten Brauhäuser ergiebige eigene Brunnen oder
ließen – z. B. in England oder den Niederlanden – das Wasser
von außerhalb heranschaffen. Alternativ wurden zur Versorgung der Brauhäuser eigene Wasserleitungen gebaut, die aus
einem Wasserbehälter gespeist wurden. In Lübeck wurde bereits
1294 solche eine «Wasserkunst» in Betrieb genommen. Die
Kosten für die Wasserversorgung waren in jedem Fall beträcht-
lich und das häufige Verbot, im Sommer zu brauen, mochte hier
und da auch mit der bedenklichen Wasserqualität bei niedrigen
Wasserständen zu tun haben.

Ein weiterer Kostenfaktor, den es zu minimieren galt, waren
die Brennstoffkosten. Während in den meisten Regionen
Deutschlands bis in die zweite Hälfte des 19. Jh.s ausreichend
Holz zur Verfügung stand, wurde es anderswo in Europa knapp
und teuer. Ein möglicher Ersatz war Torf, der in den noch aus-
gedehnten Moorgebieten überall in Europa abgebaut wurde.
Bei der Weseler Gruterstellung ebenso wie in den Niederlanden wurde schon im 14. Jh. Torf als Brennmaterial verwendet.

In England ersetzte ab dem 16. Jh. die Kohle zunehmend das Holz. Neben dem Zurückgreifen auf alternative Energieträger blieb aber die Optimierung der Energieeffizienz durch Verbesserung der gemauerten Öfen, der Geometrie der Braugefäße und durch Abdeckungen bis zur Umstellung auf geschlossene Sudgefäße im 18. und 19. Jh. immer aktuell.

Statuten und Steuern: Die Obrigkeit und das Bierbrauen

Graf Berthold von Leinigen, Bischof von Bamberg (gest. 1285), stand im Jahr 1266 vor einem Problem: die Bürger seiner Stadt Bamberg revoltierten gegen das «Umgeld», die zwei Jahre vorher eingeführte Verbrauchssteuer auf Bier. Noch nahmen Untertanen Steuern nicht einfach hin, zumal das «Umgeld», anderswo auch «Ungelt», «Akzise» oder «Aufschlag» genannt, nur eines der neu eingeführten Instrumente war, mit denen kirchliche und weltliche Autoritäten ihre Kassen füllten. Sobald im Hochmittelalter die Geldwirtschaft wieder die Tauschwirtschaft ablöste, wurden die Naturalabgaben durch Steuern ersetzt. Als eines der frühesten Zeugnisse für diesen Prozess erscheint die Verleihung des Rechts, Bier direkt zu besteuern, das dem Kloster St. Crepin im Jahr 1141 übertragen wurde. Dabei handelte es sich nicht um ein Grutrecht. Das Ungelt war ursprünglich eine Sondersteuer, die in der Regel Kaiser oder Könige selbst bewilligten. Der Begriff «ungelt» findet sich wohl erstmalig in einer Urkunde König Wilhelms für die Stadt Goslar aus dem Jahr 1252. Auch das Bamberger Umgeld war vom Kaiser genehmigt worden. Die Erhebung von Umgeld war zu Anfang zeitlich streng limitiert und wurde ausschließlich zur Finanzierung eines klar umrissenen Vorhabens bewilligt. Aber selten verlief die Geschichte so wie in Regensburg, wo ein aus Geldnot 1479 auf drei Jahre genehmigtes Ungelt nach dieser Frist unter öffentlichem Druck wieder ausgesetzt wurde. In der Regel verhielt es sich vielmehr so wie in Köln, wo im Jahr 1212 Kaiser Otto IV. der Stadt zur Finanzierung des Stadtmauerbaues eine Brauakzise bewilligte. Obwohl nur für 3 Jahre autorisiert, hielt sich diese Steuer bis zum Ende des 18. Jh.s. Auch der mit kaiserlichem Freibrief den bayerischen Herzögen 1543 zur Tilgung der Schulden aus den Türkenkriegen genehmigte «Bierpfennig» bestand noch im 18. Jh. Im 13. und 14. Jh. kam es allenthalben in Europa zu einer rasanten Zunahme indirekter Steuern. Die Obrigkeiten entwickelten damals schnell eine breite Palette an Instrumenten, um am Brauwesen mitzuverdienen. Neben Zahlungen für die Braugenehmigung selbst, der direkten Besteuerung der Bierherstellung und den Tranksteuern bescherten natürlich auch Zölle für importiertes Bier und Geldbußen für Übertretungen der immer detaillierteren Bestimmungen ansehnliche Einnahmen. Besteuert wurden Rohstoffe (Materialsteuer auf Hopfen, Malz), das Produkt Bier (Kesselsteuer), Prozessschritte wie das Malzschroten und der Konsum beim Ausschank. Daneben gab es natürlich die direkten Einkommens-, Vermögens- und Grundsteuern. Jedes Land und jede Stadt erhob, abhängig von der Wirtschaftslage und ihren Bedürfnissen, eine andere Kombination von Steuern. Diese Besteuerung war in ein Verordnungssystem eingebunden, das es erlaubte, das Brauwesen nach staatlichen Vorstellungen und Bedürfnissen zu gestalten und Steuern an der Stelle im Herstell- oder Vertriebsprozess zu erheben, wo es für den Staat einfach war und vom Betroffenen nur schwer umgangen werden konnte.

Die lange Abfolge solcher staatlichen Maßnahmen zur Regulierung des Brauwesens manifestierte sich bereits im Jahr 1156 mit dem Erlass des Augsburger Stadtgesetzes, der «*Iustitia Civitas Augustensis*» durch Kaiser Barbarossa. Darin heißt es unter anderem: «*Wenn ein Bierschenker schlechtes Bier macht oder ungerechtes Maß gibt, soll er gestraft werden. Überdies soll das Bier vernichtet oder den Armen umsonst ausgeteilt werden.*» Es bleibt zwar offen, was ein schlechtes Bier war, aber die Absicht, die Produktqualität hochzuhalten und die Bevölkerung zu schützen, ist klar formuliert. Zwischen dem 13. und dem 17. Jh. wurden solche Verfügungen nahezu überall erlassen. Sie dienten im Wesentlichen der Erreichung dreier Ziele: 1) Optimierung der staatlichen Einnahmen und Stärkung der heimischen Wirtschaftskraft, 2) Kontrolle über das Marktgeschehen, insbesondere über die immer kritische Getreideversorgung und 3) Gewährleistung der Produktqualität und des Verbraucherschutzes. Das berühmteste dieser Reinheitsgebote ist das bayerische, das auf dem Landtag in Ingolstadt am 24. April 1516 veröffentlicht wurde. Sein Erlass ist vor dem Hintergrund des Interessenausgleichs zwischen Landständen und Zentralgewalt, der Ablösung des Weins durch Bier und der häufigen Getreideknappheit zu sehen. Der maßgebliche Satz lautet: » *Wir wöllen auch sonnderlichen/das füran allenthalbn in unsern Stettn/ Märckten/ unnd auf dem Lannde/zu kainem Pier/ merer stuckh/ dann allain Gersten/ hopffen/ und wasser/ genomen unnd gepraucht sölle werden.*« Das Reinheitsgebot wurzelte im Interesse der brauberechtigten Landstände – in Bayern waren das Adel, Klöster und Städte –, eine hohe Bierqualität sicherzustellen. Weizen wurde in Bayern als Braugetreide ausgeschlossen, weil er als Brotgetreide eine zu große Bedeutung hatte, als dass er zu Brauzwecken in Frage kam. Allerdings war vor dem Reinheitsgebot im ehemaligen Teilherzogtum Niederbayern die Verwendung von Weizen zum Brauen unbenommen, und in der Heidelberger Bierordnung von 1603 bestimmt Kurfürst Friedrich IV., zugleich auch Herzog von Bayern: «*doch da einer von Weizen hier brauen wollte, solle es ihm unbewahrt sein*». 1548 wurde dem Degenberger Hans IV. gestattet, «*vor dem Behaimer (Bayerischen) Waldt enhalb der Thunaw* (Donau)» Weizenbier zu brauen, um das Vordringen des allgemein sehr beliebten böhmischen Weizenbiers einzudämmen. Beim Aussterben der Degenberger 1602 übernahm der bayerische Herzog Maximilian I. (1573–1651) das Privileg und baute es geschickt zum landesherrlichen Monopol aus. Das obergärige Weizenbier, das keine kalte Lagerung braucht und somit das ganze Jahr hindurch gebraut werden konnte, wurde ausschließlich in fürstlichen Brauhäusern in München, Kelheim, Mattighofen und Traunstein produziert und sorgte über einen langen Zeitraum hinweg für immense Profite.

Ein Jahr nach Erlass des Reinheitsgebots begrenzten die bayerischen Herzöge die Brauperiode auf die Zeit zwischen Michaeli (29. September) und Georgi (23. April). 1539 wurde sogar verfügt, dass die Sudpfannen den Sommer über versiegelt werden sollten. Damit wurde die untergärige Brauweise zumindest für das Hauptgetränk der Bayern, das Braunbier, festgeschrieben. «Weißes» (obergäriges) Gerstenbier zu brauen, war nur ausgewählten Ständen erlaubt. Ein kurfürstliches Dekret von 1692 erteilt z. B. dem Bräuhaus des Grafen von Törring zu Seefeld das Recht, «*das Bier auf der obern Gier doch allein mit Gerste ohne Waizen zu brauen*». Der Absatz dieses wohl sehr beliebten Biers war so gut, dass die benachbarten Weilheimer Brauer «*daselbst in den kläglichsten Ausdrücken den Grafen schriftlich baten, ihrer zu schonen, da sie sonst alle an den Bettelstab kämen*». Im Großen und Ganzen hat sich das bayerische Reinheitsgebot gerade wegen der Flexibilität in seiner Ausgestaltung über Jahrhunderte bewährt. Mit dem Brausteuergesetz vom 3. Juni 1906 wurde das absolute Reinheitsgebot für das gesamte Deutsche Reich gültiges Recht, mit der einzigen Ausnahme Elsass-Lothringen. In dem Gesetz wurde verfügt, dass zur Bereitung von untergärigen Bieren nur Gerstenmalz Verwendung finden darf, während obergäriges Bier auch aus anderem Malz sowie technisch reinem Zucker und Zuckerfärbemitteln hergestellt werden kann. Nach dem Ende des Kaiserreiches (1918) blieb das Reinheitsgebot erhalten. Selbst die Harmonisierung des europäischen Binnenmarktes hat das Reinheitsgebot überstanden und ist bis heute der Garant für hervorragende und bekömmliche Biere. Möge es so bleiben!

Alkoholteufel und Bierhexen

Im Jahre des Herren 1535 erschien bei Hans Lufft zu Wittenberg eine Auslegung des 101. Psalms durch «D. Mar. Luth». Gegen Ende seines Traktats kommt Luther auf das Trinken zu sprechen und stellt fest: «*Es mus aber ein jglich land seinen eigen Teufel haben/Welschland seinen/ Franckreich seinen/ Unser Deudscher Teufel wird ein guter weinschlauch sein/ und muß Sauff heißen, das er so dürstig und hellig ist/ der mit so grossem sauffen weins und Biers nicht kan gekület werden.*» Da ist er also, der «Saufteufel». Der Begriff, erstmalig im Titel einer Schrift des lutherischen Pfarrers und Schriftstellers Mattheus Friderich (ca. 1510–

1559) aufgeführt, fand sich alsbald auch in vielen anderen Traktaten. Die meisten dieser Schriften, aber z. B. auch das Bierbuch des Heinrich Knaust, ziert eine Darstellung des Saufteufels, der als Bock mit Hörnern und Ziegenfuß dargestellt ist und seither die Ikonographie des Teufels geprägt hat. Die Ähnlichkeit mit den heidnischen Satyrn – den triebhaften Genossen des Rauschgottes Dionysos – ist unübersehbar. Ganz unrecht hatten die Autoren dieser Schriften nicht, denn der Alkoholkonsum bei Staatsempfängen, Hochzeiten oder Leichenbegängnissen war in der Tat gewaltig. Bei ganz besonderen Anlässen wie Kaiserkrönungen sprudelten die Wein- und Bierbrunnen, aus denen sich jedermann bedienen durfte. Selbst kleine Fürsten investierten Unsummen in repräsentative Feste. Als 1545 Herzog Erich II. von Braunschweig-Lüneburg, der seinen Lebensunterhalt als Söldnerführer fristete, die sächsische Herzogstochter Sidonia heiratete, wurden ungefähr 235 Hektoliter Frankenwein, 300 Hektoliter Einbecker Bier und 2100 Hektoliter einheimisches Bier getrunken. Und was den Fürsten recht war, war ihren Untertanen billig; auch in Bürgerhäusern und Bauernkaten wurde ausgelassen gefeiert. Was aber die Prediger wirklich verärgerte, war die Sitte des «Zutrinkens». Die heidnische germanisch-keltische Tradition der gemeinsamen Feier hatte sich in Form der Gildemähler bis in das frühe Mittelalter fortgesetzt. Gilden waren ursprünglich Gemeinschaften, die sich durch einen feierlichen Eid zu gegenseitiger Hilfe verpflichteten und diese Bindung immer wieder in gemeinsamen Mahlzeiten und Trinkgelagen erneuerten. Dabei wurde auch der Brauch des «Minnetrinkens» gepflegt, wobei man sich gegenseitig unter Nennung von Heiligen oder Verstorbenen zutrank. Daraus ist das spätmittelalterliche Zutrinken hervorgegangen, von dem unser heutiges Zuprosten nur ein matter Abglanz ist. Wenn einer der Teilnehmer bei einer geselligen Zusammenkunft seinen Becher gegen einen Zechgenossen erhob und nach einem kurzen Segenswunsch auf einen Zug leerte, so geboten Konvention und Ehre, dass der andere ihm «Bescheid» gab, indem auch er sein Gefäß gleicherweise leerte *«ohne Schnaufen und Bartwischen»*. Solcherart entstanden oft zeremonielle Preis-Trinkwettkämpfe, die nicht selten mit gesundheitlichen Schäden für die Beteiligten oder in blutigen Raufereien endeten.

Nach Meinung der Theologen versündigte sich nicht nur der Trinker selbst, sondern auch die Gemeinschaft, die ihn gewähren ließ. Dementsprechend musste die Obrigkeit gegen die Trunkenheit einschreiten, was sie auch gerne und mit zahlreichen Verboten und «Polizey»-ordnungen, aber ohne dauerhaften Erfolg, tat.

Die luthersche Vorstellung von den Deutschen als besonders trinkfreudigem Volk wurde auch von ausländischen reisenden Schriftstellern bemerkt und trug in der aufkommenden nationalen Typisierung dazu bei, das Klischee vom biertrinkenden Deutschen in die europäische Vorstellungswelt einzuführen. Allerdings wurden auch Niederländer, Engländer oder Tschechen als Bierdimpfl karikiert. Und als Reaktion darauf wurde das Biertrinken für die Deutschen selbst zum identifikationsstiftenden Symbol. Die Wiederauffindung der ethnographischen Schrift «Germania» des Tacitus im Jahr 1450 und damit die Entdeckung, dass auch schon die Vorfahren der Deutschen von den «Welschen» als Trunkenbolde dargestellt wurden, schien ihr inniges Verhältnis zum Gerstensaft zu bestätigen. In kaum einem der humanistischen Geschichtswerke, die eine Abstammung der Deutschen von legendären Vorfahren konstruieren, fehlen Isis, Osiris und Gambrinus. So kennt beispielsweise Annius von Viterbo (1432–1502) einen Thuiskonenkönig «Gambrivius», und bei Andreas Althamer (1500–1539) lehren Isis und Osiris den Thuiskonenkönig Gambrivius *«cerevisiam coquere»* (Bier zu sieden). Das tun sie auch bei Johannes Aventinus, wo Gambrivius, der Sohn des germanischen Königs Marsus von seiner Frau Eisen (Isis) lernt, *«pier aus gersten* (zu) *sieden».* Von Burkard Waldis (ca. 1490–1556) stammt die bis heute gültige Vorstellung von Gambrinus, dem König von Brabant und Flandern, der *«aus Gersten Malz gemacht»* und *«das Bierbrauen erst erdacht»* hat.

Wenn schon nicht beim Zechen, so waren doch die Eingriffe des Territorialstaates auf einem anderen Gebiet sehr erfolgreich: nämlich bei der Kontrolle über die Verwendung von Pflanzen

und Kräutern. Schon 1450 holt der Regensburger Rat eine
Expertise vom Stadtarzt Dr. Hans von Bayreuth ein, ob «*Pilsen-
krautsame, Nußlaub, Buchenasche, Weißpech, Anis, Welsche
Kern, Petersilie und andere den Harn treibende Wurzeln*» als
Zutaten des Biers der Gesundheit nachteilig seien. In dem Gutachten wird festgestellt, dass solcherart gewürzte Biere ausschließlich arzneiische Biere seien, also nur unter Aufsicht von
Experten hergestellt und vertrieben werden dürften. Zu einem
Bier, das «*für gemein gesotten*» wurde, gehörten indes nur Hopfen, Wasser und frisch mit schwarzem Pech gepichte Fässer.
1507 verbat eine Polizeiordnung des Eichstätter Bischofs den
Brauern bei 5 Gulden Strafe, ihrem Gebräu Bilsensamen und
andere «*den Kopf tollmachende Stücke und Kräuter*» zuzuge-
ben. 140 Jahre nach Hans von Bayreuth urteilt Tabernaemontanus in seinem *Neuw Kreuterbuch*: «*Diese künst* (Gewürze, Zucker oder Honig in das Bier zu geben) *das Bier wolgeschmack
zu machen / die auch unsern Bierbräuwern durch die Flehmin-
gen und Niderländer bekannt worden seindt / die seind noch
wol zu dulden und zu leiden / wie auch die so mit Lorbeern /
Erdkyffer / Gagel unnd Scharlachkraut das Bier stärcken / dass
es wehrhafftig bleibe unnd nicht baldt abfall oder sawr werde.
Die aber so mit Lulchsamen / Russ / Bilsensamen / Jndianischen
Kockelkernen unnd andern derengleichen schädtlichen dingen
das Bier stärcken / sollen verworffen und verdammt werden /
unnd sollt man auch die jenigen so mit derengleichen schädtlichen Künsten das Bier verfälschen / als abgesagte Feind dess
Menschlichen Geschlechts / als Dieb unnd Mörder am Leib
unnd Leben straffen.*» Wer also Bilsenkraut in das Bier gab, sollte
als Mörder hingerichtet werden. Es sind im Wesentlichen drei
Entwicklungen, die der Ächtung der alkaloidhaltigen Bierzusätze zugrunde lagen. 1) Sie waren und sind in Laienhand wirklich gefährlich. Das Synonym «Altsitzerkraut» für Bilsenkraut
mag darauf hinweisen, dass es hier und da zur schnelleren Her-
beiführung der Erbfolge verwendet wurde. In einer Zeit, wo
einerseits Exzesse und Grenzerfahrungen gesucht wurden und
andererseits durch den Buchdruck das Wissen um die pflanzlichen Arzneimittel einer breiten Leserschaft zugänglich wurde,

wuchs auch das Risiko von Missbrauch. 2) Der in römischer Tradition wurzelnde Territorialstaat versuchte, Rauschzustände nur unter kontrollierten Bedingungen zuzulassen, da er einerseits heidnische Rausch-Traditionen ablehnte und andererseits jede «Unruhe» fürchtete. Daher verboten die Reinheitsgebote ebenso wie Brauereide wieder und wieder explizit die Verwendung berauschender Pflanzen und die Herstellung von «Dollbieren». Der Staat versuchte zudem, die Verfügbarkeit solcher Pflanzen auf wenige Fachleute, nämlich die Stadt-, Rats- oder Hofapotheker zu begrenzen. 3) Die weitverbreitete Furcht vor dunklen Mächten und die immer fanatischere Jagd auf Hexen und Hexer ließen auch Fachleute vorsichtig werden. Die Hexenjagd traf zwar in erster Linie die Kräuterweiblein, die «weisen Frauen», die als schwer kontrollierbare Konkurrenz zur etablierten Medizin und Pharmazie verfolgt und ermordet wurden. Aber kein Arzt oder Apotheker wollte riskieren, dass ihn jemand unter der Folter beschuldigte, er kenne die Rezepturen solcher Tränke oder habe gar welche hergestellt. Dass Bilsenkraut in der richtigen Dosierung sexuelle Phantasien und Halluzinationen hervorruft (daher seine Verwendung in Liebestränken und sogenannten Hexensuden), war altbekannt. Alkaloidhaltige Pflanzen wurden durchaus konsumiert, wie zahlreiche Hexenprozesse belegen. Dabei wurde nicht selten zugegeben, man hätte die Hexerei durch den Genuss eines Biers «gelernt». 1576 bekennt eine «Hexe», beim Hexenmahl habe man Rotbier aus Gläsern getrunken, und eine andere sagt ein Jahr später aus, bei einem solchen Anlass hätte es Magdeburger und Gardeleger Bier gegeben. Biere mit Mutterkornalkaloiden oder Bilsenkraut dürften bei vielen okkulten Zeremonien eine wichtige Rolle gespielt haben. Dafür spricht auch die zentrale Rolle des Braukessels in den Darstellungen von Hexenszenen. Aber auch ohne Psychopharmaka spielte Bier bei Hexenprozessen eine Rolle. Beliebt war die Anschuldigung, die Hexer oder Hexen hätten Bierfässer gestohlen, um darauf zum Hexensabbat zu reiten. Am häufigsten gereichte den Angeklagten aber die Beschuldigung, das Bier verdorben zu haben, zum Verderben. In München wurde eine Brauerin verbrannt, weil sie mit vielen anderen

«Hexen» in ihrem Märzenbier vor dessen Ausschank gebadet haben soll. Vermeintlicher Schadenszauber lag auch vor, wenn Bier sauer wurde. Mal sollen es fliegende Geister gewesen sein, die ein unglückliches Opfer des Hexenwahns in das benachbarte Brauhaus gesandt haben sollte, mal habe sich eine «Hexe» in Gestalt ihrer Katze ins Brauhaus geschlichen und dort das Bier verhext: Am Ende stand für die so Beschuldigten in der Regel der Scheiterhaufen.

Der Brau-Meister: Die Professionalisierung des Brauwesens

Brauen war in der germanischen Tradition Sache der Hausfrau. Sie legte fest, wann wie viel und wie gebraut wurde. Das wurde auch im Erbrecht sanktioniert. Alle Brauutensilien waren Bestandteile der Mitgift und verblieben im Besitz der Frau. In Schlesien erbten Töchter und Schwestern mit Ausnahme des großen Fasses alles, was zum Brauen gehörte. Beim Hausbrauen erhielt sich die bestimmende Funktion der Bäuerin noch bis in das 20. Jh. Diesem Herkommen gemäß spielten Frauen als professionelle «Gruterinnen» eine Rolle. Mit dem Hopfenbier und der Kapazitätsausweitung im städtischen Brauen verlor dann das von ein bis zwei Beteiligten zu bewältigende «Kesselbrauen» seine Bedeutung. Dieser Übergang verlief in Deutschland wegen der bürgerlichen Brautradition, in der weiterhin Brauerinnen akzeptiert wurden, weniger einschneidend als z. B. in England, wo die «alewifes», also Frauen, die Bier in haushaltsüblichen Mengen herstellten und verkauften, mit der Einführung des Hopfenbiers bald ihre Existenzgrundlage verloren.

Die neue Technologie erforderte ein arbeitsteiliges und zeitlich koordiniertes Arbeiten, wie es vorher kaum praktiziert worden war. Dadurch entstanden betriebliche Hierarchien: kräftige Brauknechte und -mägde, oft Familienangehörige des Braumeisters, für die anstrengende körperliche Arbeit, sodann eine Betriebsleitungsebene von erfahrenen selbstständigen oder angestellten Braumeistern und schließlich eine kaufmännische Leitungsebene im Besitz der Realgerechtigkeit.

Im Zuge der notwendigen Spezialisierung wurde Brauern ver-

boten, zusätzlich ein anderes Handwerk auszuüben, während
andere Handwerker gar nicht, oder zumindest nicht für den
Verkauf brauen durften. In Hamburg war z. B. nach einem Re-
zess von 1529 Handwerkern das Brauen selbst dann verboten,
wenn auf ihrem Haus eine Braugerechtigkeit ruhte. In Erfurt
bestimmt die Brauordnung von 1615, «*daß ein Handwerks-
mann, wenn er Biereyge werden will, er das Handwerk nicht
mehr treiben soll, sondern dasselbe ganz verlassen oder das
Recht des Biereygens nicht fähig sei*». Solche Bestimmungen in
der einen oder anderen Form finden sich in vielen Städten. In
Bayern wurde seit 1503 zum Bräuamt nur zugelassen, wer eine
mindestens dreijährige Brauerlehre durchlaufen «*und mit seiner
Hand selbst gearbeitet*» hatte. Zugleich organisierten sich die
professionellen Brauer.

Das Berufsbild des staatlich konzessionierten, zünftisch organisierten Berufsbrauers wurzelte in unterschiedlichen Traditionen. Da war einmal die römische Brauergilde (*brassatores*), die
sich über die karolingischen «*siceratores*» zu den mittelalterlichen Kloster- und Hofbrauern fortsetzte. Weltliche Brauer
waren wohl schon vor dem 10. Jh. wie ihre römischen Vorgän-
ger in Handwerksgemeinschaften korporiert. Unkontrollierte
Zusammenschlüsse wurden aber oft – nicht zuletzt wegen des
Misstrauens gegenüber Schwurbrüderschaften (Gilden) – explizit verboten wie z. B. in Nordfrankreich die «*Zusammenschwö-
rungen*» von Brauern um 1250. Erwünscht waren hingegen
obrigkeitlich sanktionierte und kontrollierte Zusammenschlüsse.
In den «alten» Städten war der königliche Burggraf oder der
Stadtherr «Meister» über die Handwerker, legte die Gewerbe-
ordnungen fest und durfte dafür Gebühren einziehen. Dementsprechend hielt der Burggraf in Augsburg im Jahr 1156 über
Fleischer, Bäcker und Brauer Gericht. Im 13. Jh. erlangten diese
Brauer dann in den Institutionen des «Brauamts» (*officium*)
einen korporativen Charakter. So wird in einem Privileg Kaiser
Friedrichs II. (1194–1250) für Regensburg zwischen dem allgemeinen bürgerlichen Tischtrunkbraurecht und dem gewerblichen Brauen unterschieden, für das ein burggräflich/herzog-
liches «*officium braxandi cerevisiam*» (Brauamt) bestehen

musste. Auch in München (*officium praxationis* oder *prewambt*) oder Köln (*Brauamt*, später Zunft) existierten schon im 13. Jh. solche «Handwerkskammern», denen jeder Brauer beitreten musste. Sie vertraten die Anliegen ihrer Mitglieder gegenüber der Obrigkeit und bürgten für die Zahlung der Pflichtabgaben und das konforme Verhalten ihrer Mitglieder. Auch in den nach Stadtrecht neugegründeten Städten schlossen sich die Brauer in Zünften zusammen, sobald sie sich als eigener Berufsstand von anderen brauenden Bürgern absetzten. In der Regel war die Mitgliedschaft in einer Zunft Voraussetzung für die Ausübung der Tätigkeit und blieb auf Selbstständige (Meister) beschränkt. Zünfte waren also wie die Ämter «Körperschaften des öffentlichen Rechts». Die Zunft regelte intern, aber allgemeinverbindlich, die Ausbildungmodalitäten und die Voraussetzungen für eine Zulassung zum Beruf (Meisterprüfung). Sie bestimmte auch Qualitätsnormen und war berechtigt, Strafen zu verhängen. Zudem vertrat die Zunft ihre Mitglieder gegenüber Behörden und nahm Einfluss auf die Gewerbegesetzgebung. Nicht zuletzt sorgte sie auch für Hinterbliebene und ins Unglück geratene Mitglieder. Im Unterschied zu den «Ämtern» waren Zünfte in Städten, wo die Handwerker am Stadtregiment beteiligt waren, auch politisch aktiv. Deshalb kam es in Orten mit oligarchischer Patrizialverfassung vor, dass eine zünftische Gruppenbildung verboten wurde oder die Zünfte der städtischen Aufsicht unterstellt wurden. In Städten, wo nicht hauptberuflich, sondern in einem Kommunbrauhaus oder zu Hause gebraut wurde, gab es überhaupt keine Zünfte.

Eine weitere Organisationsform waren die Bruderschaften. Dabei handelte es sich um freiwillige Zusammenschlüsse, die sich oft nach dem Patrozinium des Altars oder der Kirche benannten, wo ihre Mitglieder zusammenkamen. Brüderschaften hatten keine ordnungspolitische Funktion, sondern dienten in erster Linie der Unterstützung hilfsbedürftiger Mitglieder, gewerkschaftlichen oder humanitären Zwecken und dem Informationsaustausch. Eine solche Gemeinschaft war beispielsweise die von Brauknechten 1447 in Brügge gegründete *fraternitas sancti Vincenti*, die dem Schutz ihrer Mitglieder «*gegen Wirts-*

leute, Frauen und den Provos» dienen sollte. Auch in Hamburg gab es eine «St. Vincenti-Bruderschaft» der Brauknechte, während die in Stade nach «St. Gertrud» benannt war. Die Obrigkeiten erlaubten aber nicht überall Zusammenschlüsse der stets Unruhen zugeneigten Brauknechte, wie das Verbot einer Gilde in Wismar zu Ende des 14. Jh.s zeigt.

Eine weitere Organisationsform kann man als «Gilde» bezeichnen, obwohl auch andere Begriffe wie «Compagnie», «Gaffel» oder «Innung» dafür in Gebrauch waren. In Städten, wo die Inhaber der Realgerechtigkeit in erster Linie Kaufleute oder Bierverleger waren, bildeten sie besondere Interessensverbände, die auch politisch aktiv wurden. So waren in Rostock und Lübeck die ratsfähigen Fernhändler in «Kompanien» zusammengeschlossen, zu denen auch eine Brauerkompanie zählte. Auch in Danzig zählten die Exportbrauer zu den Großkaufleuten, die in der St. Georgs Bruderschaft zusammengeschlossen waren. Die Bierbrauer der Reichsstadt Nürnberg bezeichneten sich als «Brauhandel». Die Mitglieder des Münchner Bräuamts waren 1363 Geldwechsler, Salzspediteure oder Montanunternehmer. In Schlesien waren die Braurechtsinhaber von Breslau und Schweidnitz in Kretschmerzünften (Schankwirte und Bierverleger) oder in Köln in der Gaffel organisiert.

Sehr stark vereinfacht ausgedrückt, waren die selbstständigen handwerklichen Brauer in Städten mit Beteiligung des Handwerks am Stadtregiment in einer Zunft, die Kaufmannsbrauer in oligarchisch-patrizisch regierten Städten in Gilden oder Ämtern und die angestellten Brauknechte in Bruderschaften organisiert. Tatsächlich gab es aber ein breites Spektrum von Mischformen. In Köln konnten Brauer gleichzeitig Mitglieder in der St. Peter von Mailand-Bruderschaft, der Brauerzunft (Brauamt) und der Gaffel sein, weil jede dieser Gemeinschaften unterschiedliche gesellschaftliche Aufgaben wahrnahm. Andererseits sagt die Bezeichnung der jeweiligen Organisation nicht unbedingt etwas über den Status ihrer Mitglieder aus. Wurden doch auch Gemeinschaften von Brauknechten als Zunft bezeichnet – so die Mälzerzunft in Breslau, die Zunft der «Meltzer und Breuer» in Schweidnitz oder die Brauerzunft in Nürnberg.

In Magdeburg waren 1330 wie in Münster seit 1492 die – wahrscheinlich angestellten – Bäcker und Brauer in einer gemeinsamen Innung bzw. Gilde zusammengeschlossen. Zudem gab es mancherorts wie etwa in Freiberg, Krakau oder Straubing separate Brauer- und Mälzerzünfte. In Dresden gelang es den bei einheimischen Braurechtsinhabern angestellten Lohnbrauern aus Schlesien und Böhmen um 1797 gar, eine eigene Innung zu gründen.

Diese Vielfalt der Organisationsformen und Bezeichnungen ist charakteristisch für die Vielgestaltigkeit des mitteleuropäischen Brauwesens zu Beginn des 17. Jh.s, das damals, wenn auch auf unterschiedlichen Entwicklungsstufen und dem jeweiligen politischen Umfeld sowie den erreichbaren Märkten angepasst, in voller Blüte stand.

7. Wie es Euch gefällt: Bier kommt aus der Mode

Luxusbiere und Landbrauereien

Am Antoniustag im Jahre des Herren 1575 vollendete Heinrich Knaust, «*beider Rechten Doctor / Keyserlicher gekrönter / Laureiter poet*» sein Büchlein «*Fünff Bücher Von der Göttlichen und Edlen Gabe der Philosophischen, hochthewren und wunderbaren Kunst, Bier zu brawen*». Es enthält «*Exempel der vornemsten Biere in Teudschlanden / Beide Weitzen und Gersten / Weisser und Rotter Biere*». Immerhin umfasst seine Liste mehr als 130 Städte und Regionen, wo ein seiner Meinung nach gutes oder zumindest ordentliches Bier gebraut wurde. Wissen und Technologie um ein gutes Hopfenbier herzustellen, waren seinerzeit überall vorhanden und die Nachfrage stieg, denn der Weinbau ging zurück und billige Landweine mäßiger Qualität wie der schon erwähnte Bayerwein wurden unverhältnismäßig teuer und verschwanden allmählich. In vielen Regionen in Zentraleuropa wurde deshalb im 15. und 16. Jh. die Bierproduktion ausgeweitet. So stieg z. B. die Zahl der Münchner Brauer von 11 um 1400 über 39 anno 1500 auf 74 im Jahr 1598. Sogar im Weinland Württemberg begann sich zu Beginn des 17. Jh.s ein Brauwesen zu etablieren. Ihr Defizit bei den Weinsteuereinnahmen kompensierten die Territorien und Städte durch Besteuerung des Brauwesens. Das Bier wurde so zum wichtigen Wirtschaftsfaktor und trug schon bald ein Viertel und bis zur Hälfte der Staatseinnahmen bei.

Neue Biertypen und neue Brauzentren entstanden, wie z. B. Zerbst, Bernau (bei Berlin) oder Torgau. Das erfolgreichste dieser Biere war der Hannoveraner Broyhan, von dem um 1600 jährlich ca. 90 000 Hektoliter hergestellt wurden. Zahlreiche Städte versuchten, ihr Bier überregional publik zu machen, und schmückten dieses dafür werbewirksam mit volkstümlichen Beinamen, wie «Israel», «Rastrum», «Kater» oder «Schlunz». Anderswo kopierte man einfach erfolgreiche Markenbiere wie den Hannoverschen «Broyhan», die Braunschweiger «Mumme» oder die Goslarer «Gose». Der innerländische Bierexport – auch über die Bannmeilen hinaus – legte zu, und nicht nur «Luxusmarken», sondern auch kleinstädtische Biere wurden weiter transportiert. Das von Knaust sehr gelobte Bamberger Bier fand er beispielsweise auch in Nürnberg, Frankfurt und Mainz im Ausschank.

Auch Klöster und Adelige strapazierten ihr Tischtrunkbraurecht, um sich an dem lukrativen regionalen Biermarkt zu beteiligen. Das Klosterbrauwesen blühte nach einem Niedergang im Mittelalter wieder auf und, wie ein Zeitgenosse beobachtet, «*wo man etwann vor vielen Jahren nur ein Khesselein pier zur Haußnotturft zu preuen gefunden hat, da richt man alsbalden neue öffentliche preuheußer auf*». Städte und Staaten betrieben nunmehr große Brauhäuser in eigener Regie, von denen die bayerischen Hofbräuhäuser wohl die bekanntesten gewesen sein dürften. Der Adel errichtete gleichfalls auf seinem Besitz Brauhäuser, und in den Dörfern entstanden allerorts Landbrauereien. Diese Entwicklung war nicht auf Deutschland beschränkt, auch in Böhmen kamen damals viele in Adelsbesitz stehende Brauereien auf, und die Biere polnischer Landbrauereien wurden von Knaust ausdrücklich gelobt. Das Landbier war oft qualitativ besser als das städtische, zumal die städtischen Brauer oft nicht ihr bestes Bier innerhalb der Bannmeile verkauften. Landbrauer konnten ein gehaltvolleres Bier zu niedrigeren Kosten herstellen, denn Braugetreide und Holz stammten aus dem eigenen Besitz. Die Versorgung mit eigenem Braugetreide garantierte zudem homogene Partien, die in der Regel höhere Ausbeuten brachten. Als Arbeitskräfte wurde das Gesinde herangezogen, das während der winterlichen Brausaison nicht in der Landwirtschaft einzusetzen war. Zusätzliche Frachtkosten fielen nicht an, und Adelige und Klöster zahlten nicht einmal Steuern, da offiziell nur für den Eigenbedarf gebraut oder das Bier in eigenen Tavernen verzapft wurde.

Bankrott: Der Niedergang des städtischen Brauwesens

Die in den Boomjahren entstandenen Überkapazitäten machten sich bald schmerzlich bemerkbar. Wie in den Hansestädten überstieg bald auch im Binnenland das Angebot die Nachfrage. Die Territorialstaaten, Städte und Zünfte reagierten darauf mit Maßnahmen zur Beschränkung des Ausstoßes. Trotz zahlreicher Versuche, dennoch die Steuerbasis nicht zu schmälern, setzte in vielen Städten eine Konzentration im Brauwesen ein. Konkurrenz von außen wurde durch hohe Zollschranken und selektive Importverbote ausgeschaltet. Das alles sicherte zwar vorübergehend den Absatz, trug aber nicht zu einem echten und Innovationen fördernden Wettbewerb bei. Die folgenreichste Entwicklung war aber seit der zweiten Hälfte des 16. Jh.s der inflationäre Anstieg der Getreidepreise bei nur wenig steigenden Löhnen. Während sich die Braurohstoffe rapide verteuerten, konnten die Brauer die Kosten nicht annähernd durch Preiserhöhungen weitergeben. Trotzdem ersetzten die Konsumenten zum einen teure Biere wie Weißbier durch billigere wie Rotbier oder gleich durch Dünnbiere, während andererseits die Brauer auf legale und illegale Weise ihre Stammwürze durch Veränderung von Schüttung und Guss herabsetzten oder Vollbiere mit Kofent (Dünnbier) oder gar Wasser verdünnten. Solche Biere waren natürlich nicht nur weniger nahrhaft, sondern verdarben auch schneller. Während sich so vielerorts ein schleichender Niedergang des Brauwesens abzeichnete, begann der 30-jährige Krieg, der den Verfall ungemein beschleunigte. Eine Generation lang schritten die Zerstörung der Infrastruktur und die Vernichtung vieler Vermögenswerte, darunter auch Brauhäuser und Braupfannen, unaufhaltsam fort. Am Ende war die mitteleuropäische Bevölkerung um ca. ein Drittel geschrumpft; im Friedensschluss von Münster und Osnabrück (1648) wurde die Souveränität der ca. 300 deutschen Kleinstaaten und damit zahllose Zollschranken und kleine Märkte mit unterschiedlichen Maßeinheiten und Rechtsordnungen festgeschrieben. Ihre gewaltigen Schulden versuchten Städte und Staaten durch Steuererhöhungen und neue Abgaben abzutragen, was besonders die Brauer hart traf. Mit der Bierherstellung war kaum noch der Lebensunterhalt zu verdienen, und mancherorts mussten Brauer per Gesetz gezwungen werden, trotz der damit verbundenen Verluste weiterhin Bier zu sieden. Eine Ertragsverbesserung durch Kapazitätsausweitung war selten möglich, weil sich ein bürgerliches Brauhaus nicht beliebig zu einem funktionellen Produktionsgebäude erweitern ließ. Nur wenige Brauereien – insbesondere Staats- und Klosterbrauereien sowie die meisten Landbrauereien – waren zweckgebundene Bauwerke. Diese Brauereien waren auch von den hohen Steuern weniger betroffen. In Bayern war es allen Brauern möglich, durch eine Abschlagszahlung (die Komposition) die Steuerlast zu mindern. Aber in seinen alten Hochburgen, in Norddeutschland und Sachsen, geriet das Brauwesen im 18. Jh. in eine schwere Krise. Diese wurde umso bedrohlicher, als neue Alternativen zum Bier in Mode kamen und sich der Publikumsgeschmack änderte.

Ei! wie schmeckt der Coffee süße: Der moderne Geschmack

Als im Jahre 1734 im Zimmermannschen Kaffeehaus zu Leipzig erstmalig die Sopranarie «*Ei! wie schmeckt der Coffee süße*» aus Johann Sebastian Bachs (1685–1750) Kaffeekantate erklang, war wohl nur wenigen Brauern bewusst, dass eine neue Ära angebrochen war. Aber als ca. 50 Jahre später, 1782, die alte Bierstadt Breslau ihre vordere Weißbierschankstätte zu einem Kaffee- und Traiteurhaus umbaute, hatten viele erkannt, dass das traditionelle Brauwesen in eine Sackgasse geraten war. Die Ernährungsgewohnheiten hatten sich fundamental geändert, und die Zeiten, in denen Bier unangefochten das Volksgetränk schlechthin war, waren endgültig vorbei.

Dieser Prozess setzte schon im Mittelalter mit der Erweiterung vom Zweimahlzeitensystem zum Drei- und Viermahlzeitensystem ein, innerhalb dessen vom Spätmittelalter an weitere regionale und soziale Differenzierungen stattfanden. Die Oberschicht passte im 18. Jh. ihre Tischkultur französischen Vorbildern an, wo Repräsentation, Raffinesse und Frische der mit Wein gereichten Mahlzeiten mehr als die Quantität der Speisen zählte. Das aufgeklärte Bürgertum setzte sich davon bewusst ab und pflegte einfache, geradezu asketische Ernährungsgewohnheiten. Üppige Fleischgerichte und Alkoholgenuss wurden nun «rational» mit philosophischen und medizinischen Argumenten geächtet. Kaffee oder Tee ersetzten im Sinne einer pietistischen Arbeitsethik das Bier – und oft auch warme Mahlzeiten. Nicht nur die Heißgetränke wurden gesüßt, und Zucker – Rohrzucker aus dem Kolonialwarenhandel und ab 1800 auch Rübenzucker – fand sich in immer mehr Lebensmitteln, die die sauren, salzigen oder herbwürzigen Gerichte ersetzten. Das wirkte sich auch auf die Bier-Präferenzen aus: dunkle, süße Biere kamen in Mode. Das Weißbier hingegen verlor Kunden; in Bayern hob Kurfürst Karl Theodor 1798 das Weizenbierprivileg auf und verkaufte die kurfürstlichen «weißen Brauhäuser». Bei den ärmeren Bevölkerungsschichten, die in der Regel mehr als 75 % ihres Einkommens für Nahrungsmittel aufwenden mussten, traten an die Stelle von Brot, Biersuppen und Breispeisen die billigeren Kartoffeln und Gemüseeintöpfe. Damit verlor das Bier seine Bedeutung als preiswerteste Kalorien- und Vitaminquelle. Wer auf seinen Rausch nicht verzichten wollte, griff zu dem nunmehr erschwinglichen Branntwein. Um 1800 wurde in Berlin ebenso viel Getreide zu Branntwein wie zu Bier verarbeitet; in den Jahren 1834–1839 lag in Preußen der durchschnittliche Prokopfverbrauch an Bier bei 34 Litern und an Schnaps bei

11 Litern. Viele städtische Brauer nördlich der Mittelgebirge konnten ihr schon sehr dünnes, bitteres, oft saures und nicht selten mit allerlei illegalen Zusätzen geschöntes Gebräu nicht mehr zu konkurrenzfähigen Kosten herstellen. Und das, obwohl etwa ein Viertel bis ein Drittel mehr Bier aus derselben Malzmenge gewonnen wurde als z. B. in Bayern. Sogar der Ausstoß der Landbrauereien, die Ende des 18. Jh.s vermutlich mehr als die Hälfte des Bierbedarfs deckten, war rückläufig. In Bayern war die Lage besser. Die Kartoffeln setzten sich dort – abgesehen von ihrem Stammland Oberfranken – noch lange nicht gegen das Brot und die traditionellen Mehlspeisen durch. Und auch der Branntweinkonsum hielt sich sehr in Grenzen. «*Das Königreich Bayern*» beobachtet A. F. Zimmermann 1832, «*ist von uralten Zeiten her das Land, wo der Sinn einer ganzen Nation sich das Bier als Hauptgetränk gewählt hat, und wo der in heutiger Zeit leider so allgemein und übermäßig gewordene Genuß des Branteweins durchaus keinen Eingang findet*». Tatsächlich war der Bierkonsum hoch. 1787 wurden in der Stadt Regensburg mit ca. 20 000 Einwohnern ungefähr 63 000 Hektoliter Bier gebraut, mithin gut 3 Liter pro Person. Auch die Münchner, Ingolstädter und Landshuter Brauer verzeichneten eine erfreuliche Ertragslage und die meisten Kloster- und Landbrauereien verdienten gutes Geld. Aber nicht überall war die wirtschaftliche Lage der Brauer so erfreulich. In Nürnberg z. B. gerieten bürgerliche Brauer in Schwierigkeiten, denn der Bierkonsum hatte sich 1795 im Vergleich zu 1701 halbiert.

Das Brauwesen hatte vielerorts alle Möglichkeiten ausgereizt. Angesichts der undurchschaubaren Interessensverknüpfungen und der unabsehbaren Konsequenzen jeder Veränderung wagte auch niemand, den Status quo anzutasten. So war man sich zwar an der Schwelle zum 19. Jh. bewusst, dass sich im Brauwesen Grundsätzliches ändern musste. Es wusste nur noch niemand genau, was und wie.

8. Der Phönix aus dem Lagerkeller

John Bulls Elixier: Porter als Industriebier

Eine der ältesten überlieferten Werbeanzeigen für Bier in Deutschland annoncierte im Jahr 1796 aus England importiertes Bier. Das verwundert nicht, denn in England hatte das industrielle Brauwesen um 1800 schon einen Entwicklungsstand erreicht, der manchem Kontinentaleuropäer wie Hexerei scheinen musste. Der Verwalter der «*vormaligen Gräfl. Solms'schen privilegirten englischen Bierbrauerei*» in Rödelheim, Joseph Servière, spekuliert öffentlich, «*dass das englische Brauverfahren*» in einem geheimen Rezept niedergelegt ist, das «*die Engländer so sorgsam verbergen, und auch vermöge seiner Natur allen Arbeitern verbergen konnten, da diese Zumischung in einem geheimen Laboratorium verfertigt und von dem Fabrikanten selbst in die kochende Würze gegossen wird*». Natürlich gab es das englische Wunderelixir nicht wirklich, wohl aber eine «künstliche», d.h. industrielle und damit plan- und quantifizierbare Produktion in Größenordnungen, die bei den meisten Menschen ungläubiges Staunen hervorrief.

Bier spielte in der englischen Gesellschaft schon seit der Antike eine wichtige Rolle. Die keltische Biertradition verband sich mit der germanischen, als die Angelsachsen seit dem 6. Jh. die Insel besiedelten. Ende des 9. Jh.s gab es dann in England zahlreiche «Ale-Häuser», oft Holzhütten, die an das Haus des «Keepers» angebaut und nach römischer Tradition durch einen langen Stecken gekennzeichnet waren. Der wohl reichliche Biergenuss zu dieser Zeit bewog Edgar den Friedfertigen (959–975), mehr als eine Schenke pro Dorf zu verbieten.

Um 1266 wurde durch die «*assisa panis et cervisiae*» – eine Rechtssatzung, Brot und Bier betreffend – der Bierpreis an den Getreidepreis gebunden, wobei in den Städten bei gleichem Getreidepreis das Bier teurer verkauft werden durfte als auf dem

Land. Das bis in das 16. Jh. bevorzugte «Ale» war ein billiges, süßes, trübes, dickes Getränk aus Weizen und Gerste, dem oft noch Honig und Gewürze beigemischt wurden. Es war nur sehr kurze Zeit – 2 Wochen maximal – haltbar und wurde deshalb bloß in kleinen Mengen hergestellt und sofort verkauft. Die professionelle Bierherstellung lag in den Händen von Frauen, die der staatlichen Kontrolle durch «Aletaster» unterstanden. Die Bierversorgung der Bevölkerung war der Obrigkeit insbesondere in den großen Städten sehr wichtig, so verfügte z. B. das «*Liber albus*» (Weißbuch) der Stadt London von 1419, dass jemand, der gebraut hatte und dann später weniger oder gar nicht mehr braute, schwer zu bestrafen sei. Amtspersonen aber war untersagt, zu brauen oder Bier zu verhökern.

Zu Beginn des 15. Jh.s machten die Engländer die Bekanntschaft von Hopfenbier, das «preußische» (Hanse-)Kaufleute nach England brachten oder das als Import aus den Niederlanden die Insel erreichte. Das gehopfte «*bere*» (*beer*) wurde begrifflich deutlich vom traditionellen «*ale*» unterschieden. Mit dem Zustrom niederländischer Einwanderer im 14. Jh. wurde zum Ärger der etablierten Alebrauer von den Immigranten Hopfenbier hergestellt und verkauft. Die anfangs heftige Ablehnung des Hopfenbiers, das als fremd, unenglisch und protestantisch-häretisch angesehen wurde, war allen Gesellschaftsschichten gemein. Der Arzt Andrew Boorde stellte z. B. 1542 fest, dass Ale das naturgegebene Getränk für einen Engländer, Bier hingegen das für einen Niederländer sei. Nun aber würde Bier auch in England getrunken, sehr zum Schaden vieler Engländer, mache es doch fett und blase den Bauch auf, wie man ja leicht am Aussehen der Holländer erkennen könne. Nur zögernd begannen Engländer, sich den Reihen der niederländischen Hopfenbrauer anzuschließen; aber mittelfristig gelangte das hochprofitable «Beer»-brauen ausschließlich in englische Hände. Die Ausländer sanken auf die Stufe von Brauknechten herab. 1493 gab es eine eigene Gilde der «*berebrewer*» in London, die sich dann 1550 mit den Alebrauern zusammenschloss. Um 1600 hatte sich das Hopfenbier vor allem in der schnell wachsenden Hauptstadt London durchgesetzt und wurde sogar exportiert.

Dafür gab es vielerlei Gründe. Einmal hatte die Reformation durch die Aufhebung der Klöster bedeutende Zentren der Aleherstellung eliminiert. Zum anderen war das Hopfenbier ein klares Getränk, das die Oberschicht – nicht zuletzt die Damen bei Hofe – aus modischen venezianischen Gläsern trinken konnten. Vor allem aber war das Hopfenbier billiger; pro Liter Malz konnte man grob einen Liter *ale*, aber bis zu 2½ Liter *beer* gewinnen. Darüber hinaus war es haltbarer, was seinen Einsatz bei der Versorgung von Truppen und Schiffen erheblich begünstigte. Verdorbenes Bier hatte in der Schlacht mit der spanischen Armada (1588) mehr englischen Soldaten das Leben gekostet als der Feind. Soldaten, die von den Schlachtfeldern des Kontinents zurückkehrten, waren schon begeisterte Hopfenbiertrinker. Mit dem Aufstieg Englands zur Handels- und Seemacht im 17. und 18. Jh. stieg deshalb der Bedarf an haltbarem Bier weiter, da jeder Mann der Schiffsbesatzung einen täglichen Anspruch auf eine Gallone (ca. 4,5 Liter) hatte.

Verbunden mit dem Hopfenbrauen erlebte auch das englische Brauwesen einen ungeheuren Konzentrationsprozess. Zählte man im London des ausgehenden 14. Jh.s noch etwa 1000 Brauer für eine Bevölkerung von ca. 30 000 Einwohnern, so brauten um 1600 nur noch 83 Betriebe für bald 200 000 Londoner. Für Einrichtung und Betrieb dieser Brauereien war eine stattliche Kapitalausstattung nötig, und die Brauer zählten zu den wohlhabenden und einflussreichen Bürgern. Vor allem drei Faktoren bewirkten, dass das englische Brauwesen dann im 17. Jh. das kontinentale deutlich überholte: 1) die relative politische Stabilität; 2) die schnell wachsende Nachfrage durch die Seefahrt und das Bevölkerungswachstum, vor allem in London; 3) die gezielte Förderung großer Brauereien. Die Besteuerung der Bierherstellung setzte erst in der Mitte des 17. Jh.s ein – und damit sehr viel später als in Kontinentaleuropa. Von Anfang an wurden großen Brauereien deutliche Steuererleichterungen gewährt, was ihre Rentabilität über den Kapazitätseffekt hinaus weiter verbesserte.

Es gab noch einen weiteren Unterschied zwischen englischem und kontinentalem Brauwesen. Im Januar 1578 wurden neun

Londoner Brauer eingekerkert, weil sie Kohle zur Befeuerung ihrer Braukessel benutzt hatten. Und das, obwohl ihre Majestät Königin Elisabeth, «belästigt und angewidert vom Geschmack und Geruch der Kohle» die Nutzung derselben verboten hatte, solange sie in London weilte. Solche Verbote, «Meerkohle», also Kohle, die aus den unterseeischen Flözen gewaschen und ans Ufer gespült wurde, in London zu verbrennen, gab es schon seit 1272. Keines dieser Verbote ändert etwas daran, dass der Kohleverbrauch angesichts schnell schwindender Holzbestände zunahm. Im 18. und verstärkt im 19. Jh. wurde Kohle dann auch bergmännisch abgebaut. Ihr Schwefel- und Chlorgehalt wirkte sich allerdings sehr nachteilig auf die Gesundheit der Brauer und die Haltbarkeit der Betriebsausstattung aus. Zum Mälzen musste noch Holz genommen werden, weil die übliche direkte Darrung mit Kohle kein akzeptables Malz ergab. Deshalb entwickelten Brauer einen Prozess, Kohle zu verkoken, und 1642 wurde Koks erstmalig in Mälzereien in Devonshire eingesetzt. Das englische Brauwesen entwickelte also 250 Jahre vor den kontinentalen Brauern eine auf Kohle basierende Technologie.

Ein Durchbruch gelang den Londoner Großbrauereien im ersten Drittel des 18. Jh.s mit der Einführung einer neuen Biersorte, dem «Porter», das sehr schnell eine ungeheurere Popularität erlangte. Sein Ausstoß wurde durch staatliche Maßnahmen zur Bekämpfung des ausufernden Branntweinkonsums, der sogenannten Gin-Epidemie, weiter befördert. Porter ist ein dunkles obergäriges Lagerbier mit einem Alkoholgehalt von 5–6 %, das sich durch eine lange Haltbarkeit und einen günstigen Preis auszeichnet. Die Herstellung von Porter markiert den Übergang vom herkömmlichen zum industriellen Brauwesen. Malz und Hopfen wurden von spezialisierten Betrieben auf dem Land bezogen. Die aufblühenden Handelsmälzereien in Norfolk und Lincolnshire waren auf sehr helle, mit Koks abgedarrte Malze zur effizienten Maischarbeit spezialisiert, während dunkle, direkt über Stroh- oder Holzfeuern gedarrte Malze zur Farb- und Geschmacksgebung aus Hertfordshire bezogen wurden. Mälzer boten damals auch Spezialmalze an, die Kosteneinsparungen erlaubten oder der Kreation besonderer Geschmacksnoten dienten. Daniel

Wheeler patentierte 1817 eine Rösttrommel, in der er ein dunkles «*black patent malt*» (Röstmalz) produzierte, das sich schnell einer enormen Nachfrage erfreute. 1823 entwickelte der Ale-Fabrikant Samuel Allsopp (1780–1836) aus Burton-upon-Trent ein sehr helles und enzymreiches Malz, mit dem er den weltweiten Erfolg seines «India Pale Ale» begründete.

Der industrielle Brauprozess unterschied sich durch drei Faktoren von seinen Vorgängern: 1) Seine schiere Größe, die Arbeitsteilung, Mechanisierung und Automatisierung erforderte, 2) die Lagerung und damit die Stabilisierung des Biers und 3) seine Reproduzierbarkeit, weil neue Messmethoden die Quantifizierung von Stoffflüssen erlaubten. Die Großbrauerei bestand aus eigens zu diesem Zweck errichteten und unter funktionalen Gesichtspunkten geplanten Gebäudekomplexen. Eiserne Schrotmühlen, Pumpen und Leitungsrohre waren auf hohen Durchsatz und große Belastungen ausgelegt.

Ganz entscheidend für die Reifung und Haltbarkeit von Porter war die Lagerung. Das Fassungsvermögen der riesigen Lagerfässer erreichte mit der Zeit gewaltige Größenordnungen. Hatte im Jahr 1710 das größte Lagerfass des Londoner Brauers John Parson eine Kapazität von 252 Hektolitern, so besaß sein Sohn 1736 schon eines mit einer Kapazität von 2500 Hektolitern. Richard Meux von der Griffin-Brauerei ließ sich 1795 ein Fass mit einem Fassungsvermögen von ca. 30000 Hektolitern anfertigen. Nur die kapitalkräftigsten Brauer konnten sich solche Lagergefäße und die darin gebundenen Mittel leisten, zumal auch die Lagerdauer von 4–6 Wochen 1710, über 4–5 Monate 1722 auf bis zu 2 Jahren im Jahr 1762 anstieg. Da Porter weniger Alkohol als die traditionellen Ales hatte, musste das Bier durch hohe Hopfengaben und lange Lagerung unter hohem (Eigen-)Druck und den damit verbundenen anaeroben (durch Sauerstoffausschluss gekennzeichneten) Bedingungen haltbar gemacht werden. Die Lagerbedingungen förderten auch das Wachstum von *Dekkera*-Hefen, deren Stoffwechselprodukte dem Bier während der Nachgärung die als «feinblumig-rassig» beschriebene Geschmacksnote verliehen.

Die eigentliche Mechanisierung setzte 1784 mit der Einfüh-

rung der Dampfmaschine in den Brauereien von Henry Good-
win und Samuel Whitbread ein. Zuerst Pumpen, aber bald darauf auch andere Maschinen wie z. B. Rührwerke wurden fortan
mit Dampfkraft betrieben. Was ein deutscher Privatdozent 1859
für seine Heimatstadt festhält, gilt auch für England um 1800:
«*Eines der grössten Brauetablissements in Erlangen producirt
jetzt mit einer Dampfmaschine von 5 Pferdekraft und 15 ständi-
gen Arbeitern 40 000 Eimer* (Volumenmaß, ca. 68 Liter) *jährlich, während man früher ohne Maschine mit 20 Arbeitern nur
eine Quantität von 25–30 Tausend Eimer erzeugen konnte. Die
Maschine lässt noch eine Steigerung der Produktion bis zu
60 Tausend zu!*» Aber auch die Kosten für die Dampfkraft, die
eine Anpassung der gesamten Infrastruktur an das neue System
erforderte, trugen weiter zur Konzentration im Brauwesen bei.

Wesentliche Faktoren bei der Entwicklung des englischen
Brauwesens im 18. Jh. vom Handwerk zur industriellen Ferti-
gung bildeten zum einen die Verwendung geeigneter Messin-
strumente, zum anderen die Implementierung wissenschaftli-
cher Prinzipien und schließlich eine gründliche Ausbildung der
Brauer. Am wichtigsten war die exakte Messung der Temperatur und des Zuckergehaltes der Würze mittels Thermometer
und Saccharometer. Im Jahr 1758 veröffentlicht Michael Com-
brune, Inhaber einer Ale-Brauerei in Hampstead, ein kleines
Büchlein mit dem Titel «*An Essay on Brewing, with a View of
Establishing the Principles of the Art*», in dem er nachdrücklich
auf die Nutzung von Thermometern beim Mälzen und Brauen
hinweist. Die Thermometer waren in der ersten Hälfte des
18. Jh.s Glasröhrchen, in denen sich ein Gas oder eine Flüssigkeit ausdehnte und deren Skala durch zwei Fixpunkte festgelegt
war. Solche Fixpunkte konnten die Temperatur im Keller der
Pariser Sternwarte, schmelzende Butter, Körperwärme oder die
Lufttemperatur am ersten Frühlingstag sein. Erst als im letzten
Drittel die Temperaturen von schmelzendem Eis und siedendem
Wasser als Fixpunkte allgemein akzeptiert waren, setzte sich
das Quecksilberthermometer in englischen Brauereien durch.

Noch wichtiger war die Bestimmung des «Extrakts» mit dem
als «Saccharometer» bezeichneten Messinstrument, das John

Richardson im Jahr 1784 vorstellte. Dadurch wurde es möglich, die Extraktdifferenz zwischen Würze und Bier zu bestimmen und so die Ausbeute zu quantifizieren. Richardsons Erfolg beruhte wohl darauf, dass er ein ganzes System, nämlich das Instrument selbst und die zur Auswertung der Ergebnisse nötigen Tabellen lieferte und damit zugleich einen neuen Qualitätsbegriff, den Extrakt, als Messgröße in der Branche durchsetzte.

Porter verlor ab 1830 zunehmend an Beliebtheit. Es wandelte sich in der viktorianischen Epoche zum dunklen «Stout», wie es heute noch von der irischen Guinness-Brauerei produziert wird. Dem Zeitgeschmack entsprachen jetzt eher die milden, leicht süßlichen «Victorian Mild Ales» und die stark gehopften hellen «India Pale Ales». Ihr Aufstieg war mit der Bierstadt Burton-upon-Trent verbunden. Durch die Eisenbahn seit 1839 mit London verbunden und mit großem Erfolg weltweit exportiert, dominierten diese Biere den globalen Biermarkt, bis ihnen in Bayern eine ernsthafte Konkurrenz erwuchs.

Das 5. Element

Im Jahr 1833 reisten zwei junge Männer durch England und Schottland, besuchten zahlreiche Brauereien und zeigten ein auffälliges Interesse an allen technischen Details der Malz- und Bierherstellung. Sie schreckten selbst davor nicht zurück, Proben in präparierten Spazierstöcken aus den Betrieben zu schmuggeln. Es handelte sich um Gabriel Sedlmayr den Jüngeren (1811–1891) aus München und Anton Dreher (1810–1863) aus Wien, die beide das kontinentaleuropäische Brauwesen des 19. Jh.s entscheidend mitgestalten und als Inhaber der Spatenbräu und der Schwechater Brauerei unter die bedeutendsten Brauherren ihrer Zeit aufsteigen sollten.

Die Bildungsreise der beiden Freunde Sedlmayr und Dreher zeigt, wie sehr die kontinentalen Brauer nach Anregungen und Wegen suchten, um aus der Stagnation herauszufinden. Innovationen waren dringend geboten, denn die Französische Revolution hatte die verkrusteten Strukturen des «*unregelmäßigen, einem Monstrum ähnlichen Gebildes*», des Heiligen Römischen

Reiches, aufgebrochen. Die meisten bayerischen Klöster waren
säkularisiert und Zünfte waren ebenso abgeschafft worden wie
Bierzwang, Bann- und Meilenrechte. Die neue Gewerbefreiheit
öffnete den Brauerberuf. Andererseits versuchte die Obrigkeit,
die ungeheuren Kriegsschäden und -schulden der napoleonischen
Kriege durch hohe Steuern, nicht zuletzt auf das Brauwesen, abzutragen. In den deutschen Staaten verlief die Entwicklung allerdings unterschiedlich. Während in Preußen und Sachsen die
Montan-, Schwer- und Textilindustrie aufblühte, blieb Bayern
bis zum Ende des 19. Jh.s, abgesehen von den Industriegebieten
in Oberfranken, Augsburg–München oder der Region um Nürnberg, landwirtschaftlich geprägt. Dort spielten Malz und Bier als
landwirtschaftliche Veredelungsprodukte eine bedeutende Rolle.
«*Das eigentliche bayerische Haupt- und Nationalgewerbe ist die
Bierbrauerey*» stellte der bayerische Regierungsdirektor Ignatz
Rudhardt 1827 fest. Für das Agrarland Bayern machten die
Erträge aus der Besteuerung der Bierherstellung zwischen 1819
und 1868 ungefähr 15 % des Staatsbudgets aus. Dazu trug der
Umstand bei, dass der Pro-Kopf-Verbrauch an Bier in Bayern
viel höher lag als in anderen deutschen Staaten. «*In staatswirth-
schaftlicher Hinsicht (ist) jedoch dieser starke Bierverbrauch
erwünscht, nicht nur wegen der Kapitalien, welche er in Bewegung setzt und der Menge der Menschen, welche er ernährt, sondern auch, weil er in gleichem Maße den Verkauf anderer, nicht
so gesunder und ausländischer Getränke abhält*», schrieb Rudhardt. Bayern war also nach 1800 tatsächlich ein Land, «*wo das
Bier gleichsam das fünfte Element ausmacht*», wie der Rechtsgelehrte Wiguläus von Kreittmayr anmerkte. In dieser Zeit trat das
untergärige Lagerbier von der Sedlmayr'schen Spatenbräu aus
seinen Siegeszug um die Welt an.

Die Industrialisierung des deutschen Brauwesens vollzog sich
zwischen 1820 und 1870, obwohl eine eigentliche Brauindustrie erst im letzten Drittel des 19. Jh.s entstand. Vier Faktoren
kennzeichneten diesen Prozess:

(1) Neue Anlagen. Im Jahr 1845 wird in einem Münchner
Gutachten festgehalten, «*daß ein Sudwesen zu 450 Scheffel
(grob 1500 Hektoliter) nicht mehr bestehen kann*». Die hand-

werkliche Bierherstellung hatte ausgedient. Die industrielle Herstellung war mit technischen Neuerungen verbunden. Verbesserungen betrafen den gesamten Brauprozess, angefangen vom Kühlschiff, das so gestaltet war, dass das Infektionsrisiko gesenkt, aber zugleich eine Anreicherung der Würze mit Sauerstoff gewährleistet wurde. Hohe Priorität genossen Maßnahmen zur Energieeinsparung. Die Münchner Brauereien verfügten über ein ausgeklügeltes System der Wärmerückgewinnung. Im Sudhaus wurde *«ein dicker schwerer kupferner Deckel vermittels einer Winde beim Kochen des Biers auf die Pfanne herabgelassen»*, um Heizkosten zu senken. Auch die Umstellung auf Kohle war wegen ihrer höheren Energiedichte meist rentabel, sodass sie zum bevorzugten Brennmaterial wurde. In Sachsen und Böhmen war dies schon um 1820 der Fall. Anderswo blieben Holz und Torf bis Mitte des Jh.s dominant. Erst relativ spät, 1865, dachte man in der Münchner Spatenbrauerei über eine Befeuerung der Sudpfanne mit Steinkohle nach. Beim Brauen von Lagerbier kam der Kühlung eine immense Bedeutung zu. So waren Regionen mit Felsenkellern wie in Franken und Böhmen im Vorteil. Anderswo wurde zunächst versucht, die Gärtemperatur an warmen Tagen durch Eiskörbe konstant zu halten. Dieses Verfahren war aber aufwendig, nicht sehr effizient und barg die Gefahr mikrobieller Kontamination. Um 1830 ging man dann zum Bau unter- und später oberirdischer Eiskeller über, deren Kälte in die daneben- oder darunterliegenden Gär- und Lagerkeller geleitet wurde. Prototyp war das 1829 in Pyrmont gebaute Eishaus. Die Spatenbrauerei begann im Jahr 1832 mit Natureiskühlung; 1841 wurde ein gut isolierter Obereis-(Lager-)keller errichtet. In Lützschena bei Leipzig baute der Rittergutsbesitzer von Speck um 1830 nach Münchner Vorbild eine Lagerbierbrauerei einschließlich *«tiefer gewölbter Eiskeller»*. Der weltweite Handel mit Natureis nahm einen gewaltigen Aufschwung.

Die meisten Brauereien hatten flache «Eisweiher», wo im Winter Eis geerntet wurde. Das genügte aber nicht zur Kühlung der Gär- und Lagerkeller. Weitere große Eismengen wurden über den internationalen Handel besorgt. Der Eisbedarf der Spatenbrauerei stieg zwischen 1846 und 1868 von 295 auf

16 800 Tonnen jährlich, und die Kosten für Eis machten 2–10 % vom Verkaufspreis des Bieres aus. Pasteur schätzte, dass für 1 Liter Bier 1 kg Eis verbraucht wurde.

Zahlreiche Publikationen zum Thema Kühlung zwischen 1850 und 1860 weisen auf die Brisanz des Themas in dieser Epoche hin. Denn mit der Kühlung war eine bessere Kapazitätsausnutzung der Brauereien und Mälzereien verbunden. In Bayern galt bis 1868 die alte Bestimmung, dass nur in den Wintermonaten gebraut werden durfte. Die Herstellung stabiler Biere war im Sommer ohne effiziente künstliche Kühlung unmöglich; auch in England wurde bis in die 1870er Jahre Porter nur zwischen September und Juni und Ale von Oktober bis April eingesotten. Deshalb blieb die Sommerpause in Bayern auch nach Wegfall des gesetzlichen Sommerbrauverbots in unterschiedlichem Maße erhalten: Im exportorientierten Kulmbach wurde schon 1871, in der Spatenbrauerei erst 1888 ganzjährig gebraut. Die Wende zum ganzjährigen Braubetrieb wurde durch die Ammoniak-Kompressionseismaschine von Carl Paul Gottfried Ritter von Linde (1842–1934) ermöglicht, die 1875 erstmals in der Spatenbräu eingesetzt wurde.

Auch Dampfmaschinen hielten ihren Einzug in die Brauerei und die Mälzerei, in Deutschland allerdings sehr zögerlich. 1840 wurde in München erstmals eine Dampfmaschine in einer Brauerei installiert. Anfang der 1860er Jahre wurden alle deutschen Großbrauereien mit Dampfkraft betrieben. Die große Mehrzahl der kleinen und viele mittelgroße Brauereien nutzten aber um 1900 noch Muskel- oder Wasserkraft.

In die Zeit zwischen 1830 und 1866 fielen die ersten Brauerei-Fabrikbauten. Dazu zählten die 1836 gegründete Waldschlößchen-Brauerei in Dresden, die neue Spatenbrauerei von 1852 oder die 1854 errichteten Brauereien Wagner in Berlin und Thier in Dortmund. Zu Beginn des industriellen Brauwesens bildeten die Sudhäuser in der Regel eine bauliche Einheit mit der Mälzerei, um die befeuerten Einheiten zusammenzufassen. Eine Trennung erfolgte meist erst seit den 1880er Jahren, als die Malz- von der Bierherstellung abgekoppelt wurde. Viele der Brauereibauten weisen neugotische oder barocke Stilmerkmale auf. Seit Mitte des 19. Jh.s entwickelte sich eine auf Brauereimaschinen spezialisierte Zulieferindustrie.

Zur selben Zeit begann die Trennung zwischen Brauerei und Mälzereien, wie sie in England schon im 18. Jh. vollzogen war. Anders als dort betrieben die Brauereien in Deutschland und Österreich aber weiterhin eigene Malzfabriken, aber nun in eigenen Gebäudeteilen. Ein Teil des Malzbedarfs wurde durch Handelsmälzereien gedeckt, die in den Gerstenanbaugebieten und an den Wasserstraßen entstanden. Für die Brauer bedeutete der Zukauf von Malz, abgesehen von den Abschreibungen auf die Mälzereianlagen, eine deutliche finanzielle Entlastung, da Gerste nicht zwischenfinanziert werden musste und geringere Malzvorräte weniger Kapital banden.

Zudem änderte sich die Mälzereitechnologie. Schon 1818 wurde in der Spatenbräu eine indirekt beheizte Mehrhordendarre (mehrere Trockenböden übereinander) zur Herstellung heller und enzymreicher Malze entwickelt, die oft fälschlicherweise als «englische» Darre bezeichnet wird. Mit dem rapiden Anstieg des Malzbedarfs ging eine Umstellung auf die sogenannte «pneumatische Mälzerei» einher. Dabei erfolgte die Steuerung der Keimung durch gekühlte und befeuchtete Luft. Zwei Systeme, beide in Frankreich entwickelt, setzten sich seit 1880 durch: die Keimtrommel von Josef Galland und die Kastenmälzerei von Gallands Assistenten Charles Saladin. Obwohl die pneumatische Mälzerei im Gegensatz zur traditionellen Tennenmälzerei einen ganzjährigen Betrieb erlaubte, weniger Raum beanspruchte und niedrigere Betriebskosten verursachte, blieben viele deutsche Malzfabriken der Tennenmälzerei treu. Um 1910 arbeiteten von knapp 800 deutschen Mälzereien 55 mit Keimtrommeln und 33 mit Saladins Keimkästen.

Der Industrialisierungsprozess im deutschen Brauwesen lässt sich am besten an den Kapazitäten ablesen. War im Jahr 1800 das Münchner Hofbräuhaus mit einem Ausstoß von 23 000 Hektolitern die wohl größte deutsche Brauerei, so erzeugten 1895 die fünf größten deutschen Brauereien zwischen 300 000 und 525 000 Hektolitern pro Jahr.

(2) Neue Finanzierungsinstrumente. Die Einrichtung und der

Betrieb einer Großbrauerei erforderte Summen, die in der Regel
ein bürgerliches Vermögen weit überstiegen. Ein erstes innova-
tives Finanzierungsinstrument war der Kontokorrentkredit. Bei
den Lagerbierbrauereien fielen die Ausgaben für Rohstoffe nach
der Getreideernte und die größten Betriebskosten in der winterlichen Mälzungs- und Sudperiode an, während ein Großteil der
Einnahmen erst im sommerlichen Bierverkauf erlöst wurde. Mit
dem rapiden Ausstoßanstieg überstieg der Wert der Biervorräte
oft das gesamte Betriebsvermögen. Die Brauer konnten die benötigten Summen nicht mehr aus eigenen Mitteln aufbringen.
Daher beantragte der Spatenbräu Sedlmayr als Erster einen
Kontokorrentkredit. Dieses Finanzierungsinstrument wurde
neben Wechselfinanzierungen bald für die expandierende Brau-
und Malzindustrie unverzichtbar. Bei den Aktien war Sachsen
wegweisend. Dort wurden schon 1836 die ersten Aktienbraue-
reien gegründet. Aber erst 1870 wurde die Gründung von Aktien-
gesellschaften überall attraktiv. Von den 13 Berliner Aktienbraue-
reien im Jahr 1871 waren nur zwei vor 1870 gegründet worden.
In München wurde die Löwenbrauerei 1871 in eine AG umge-
wandelt. Eine wichtige Rolle bei der Gründung oder Umwandlung in eine Aktiengesellschaft spielte die Dresdner Privatbank
Gebrüder Arnhold. Das Arnhold'sche Bankhaus hatte sich
schon früh auf die Brauindustrie spezialisiert. Durch sein En-
gagement in Dresden, Radeberg, Kulmbach, Berlin und später
in Dortmund entstand ein Geflecht, das seit 1904 unterschiedliche Biertypen über die «Biervertrieb Vereinigter Brauereien
AG Dresden» vermarktete. Aus den Aktivitäten des Bankhauses
Arnhold sind später die Braubank und die Deutsche Bierbraue-
reien AG hervorgegangen.

(3) Die Veränderung der Märkte. 1834 entstand mit dem deutschen Zollverein ein großer Binnenmarkt. Durch die Vereinheitlichung der Maße (Zollpfund) und Angleichung der Währungen
im Münchener Münzvertrag 1837 wurden der innerdeutsche
Bierexport und der Rohstoffhandel wesentlich erleichtert. Es entstanden erste Warenbörsen mit überregionaler Bedeutung wie
der Nürnberger Hopfenmarkt. Das Eisenbahnnetz verlängerte
sich von der ersten, 6 km langen Verbindung zwischen Nürnberg

und Fürth im Jahr 1835 auf 15 000 km im Jahr 1865. Damit
sanken die Frachtkosten, sodass Kohle aus Schlesien und dem
Ruhrgebiet in Bayern oder Gerste aus Böhmen in Sachsen zu
wettbewerbsfähigen Konditionen angeboten werden konnten.
Während sich die Münchner Großbrauer auf ihren Heimatmarkt konzentrierten, blühte in Franken der Bierexport. Kitzin-
gen, Erlangen und Nürnberg exportierten 1842 zusammen mehr
als 20 000 Hektoliter, während sich die Münchner Bierausfuhr
auf magere 12 Hektoliter belief. Das oberfränkische Kulmbach,
wo sich bis zum Ende des 19. Jh.s eine bedeutende Exportbierbrauerei entwickeln sollte, exportierte 1869 ca. 61 000 Hektoliter des beliebten Braunbiers. Zur selben Zeit wurden aus
München nur ca. 24 000 Hektoliter versandt. Erst als man dort
auf dem Heimatmarkt nicht weiter expandieren konnte, wurde
diese Wachstumsgrenze zu einem Impuls für ein schnell wach-
sendes europaweites Versandgeschäft. 1870 wurden bereits gut
220 000 Hektoliter exportiert, davon allerdings nur 36 000 Hektoliter über die bayrischen Grenzen hinaus.

Zugleich änderten sich die Konsumgewohnheiten. Nördlich
der Mittelgebirge verlor Bier Marktanteile, da ab ca. 1820 mit
Kartoffelschnaps erstmals ein alkoholisches Getränk flächen-
deckend billiger als Bier angeboten wurde. Die Konkurrenz
zwischen preisgünstigem Schnaps und nahrhaftem Bier dauerte
in den Betriebskantinen bis ins 20. Jh. Auch die Präferenz der
süddeutschen Biertrinker änderte sich im 19. Jh. wiederholt. Bevorzugte man um 1840 das süße, dunkle Bier, so kamen gegen
Ende des Jh.s helle Biere in Mode. In Deutschland waren das
Biere nach Pilsner Art oder Exportbiere (Dortmunder), in England die «Pale Ales». Mit dieser Geschmacksentwicklung ging
der Aufstieg des Flaschenbiers einher. Galt das dunkle untergärige bayerische Lagerbier als bekömmlicher, wenn es aus dem
Fass gezapft wurde, so wurde das in der Metropole Berlin so beliebte obergärige Weißbier schon im 18. Jh. *auf Bouteillen ge-
zogen* und nachvergoren. In Berlin wurde deshalb traditionell
das Bier an sogenannte «Verleger» geliefert, die es dann abfüll-
ten. Als sich in Berlin in den 1860er Jahren das untergärige Bier,
ab 1872 vor allem das helle Pilsener, durchsetzte, wurde es in

Flaschen verkauft. 1868 begann die Tivoli-Brauerei, ihr Bier
selbst in Flaschen abzufüllen; die anderen großen Aktienbraue-
reien folgten. 1875 erfand der Berliner Karl Dietrich den Bügelverschluss mit Porzellan-Kappe und Gummi-Dichtung, und
1911 einigten sich die Berliner Brauereien auf eine «Einheits-
flasche» mit Bügelverschluss, um die Organisation der Rück-
nahme und des Flaschenpfands zu vereinfachen. Bis zum Ersten
Weltkrieg spielte das Flaschenbier aber außerhalb Berlins und
vielleicht noch Hamburgs und Bremens keine große Rolle.

Gegen Ende des 19. Jh.s wandelte sich der Biermarkt vom
Verkäufer- zum Käufermarkt. Machten die Produktionskosten
in Brauereien zwischen 1850 und 1865 noch 90% und die Ver-
triebskosten nur 9% der Gesamtkosten aus, so lag das Verhältnis zwischen 1900 und 1913 bei ca. 80%:20%. Angesichts
des verschärften Konkurrenzkampfs bekam auch die um 1895
aufkommende Frage, ob Bezeichnungen wie beispielsweise
«Münchner», «Kulmbacher», «Pilsener», «Dortmunder» oder
«Wiener Bier» als Herkunftsbezeichnungen oder als Angabe
eines Biertyps anzusehen seien, eine unerwartete Brisanz. Handelte es sich um eine Herkunftsangabe, so durfte das jeweilige
Bier nur am benannten Ort gebraut werden. Selbst nach langen
und erbittert geführten Prozessen mit unterschiedlichen Urtei-
len wurde die Frage nicht vollständig geklärt.

Angesichts staatlicher Eingriffe in ein immer komplexeres
Marktgeschehen und vor dem Hintergrund der Organisation
von Arbeitnehmern und Verbrauchern wurde 1871 der Deutsche Brauer-Bund gegründet. Neben der Vertretung wirtschaft-
licher Interessen war der Informationsaustausch ein wichtiges
Ziel des Verbandes.

(4) Die Arbeitsverhältnisse. Bis zur Mitte des 19. Jh.s kamen
die Brauereien ihrer Größe entsprechend mit wenig Stamm-
personal aus, das mit der Familie des Geschäftsinhabers eng zu-
sammenlebte. Mit dem Wachstum der Brauereien stiegen allenthalben die Personalstände. 1847 hatte eine durchschnittliche
bayerische Brauerei 3–4 Hilfspersonen, in den Münchner Großbrauereien waren es zur selben Zeit bereits 16. In der Mäl-
zungs- und Sudperiode wurden noch wandernde Handwerks-

gesellen oder Saisonarbeiter aus den umliegenden landwirtschaftlichen Gebieten herangezogen. Dieser Personenkreis blieb auch in der beginnenden Industrialisierung eine wichtige Quelle für qualifiziertes Personal. Mechanisierung (Maischmaschine) und arbeitsteilige Betriebsabläufe erforderten aber besondere Kenntnisse. Die Spezialisten schafften neue Hierarchieebenen. So führte in der Spatenbrauerei Sedlmayrs Gattin Anna Rosalie die gesamte Buchhaltung – trotz Haushaltsführung und der Erziehung von acht Kindern –, bis 1854 ein Buchhalter eingestellt wurde. Mit der ganzjährigen Produktion verschwand die Grenze zwischen Gesellen und Arbeiter. Deren Leben war hart. Da die Arbeitszeit nicht gesetzlich geregelt war, lag es im Belieben des Direktors, wann Feierabend war. In Breslau dauerte z. B. der Arbeitstag eines Brauereiarbeiters von morgens 4 Uhr bis 19 Uhr, in Hildesheim von 5 Uhr bis 22 Uhr. Zudem war die Arbeit belastend und gefährlich. Bleivergiftungen, rheumatische Beschwerden und Erkrankungen der Atemwege durch fortgesetzte Inhalation von Getreidestäuben waren auffallend häufig. Mit 30 Jahren galt ein Brauereiarbeiter als verschlissen und hatte wenig Aussicht auf eine erneute Anstellung.

Arbeiter wohnten meist in der Fabrik. Die Wohngruppe im Schalander (Umkleide- und Pausenraum einer Brauerei) und die Stammkneipe förderten neue Gruppenbindungen. Trotzdem formierte sich bei den Brauereiarbeitern im Vergleich zu anderen Branchen recht spät eine organisierte Interessenvertretung. Erst 1885 fand der erste Delegiertentag des «Allgemeinen Brauerverbands» in Berlin statt. Die Lage der Brauereiarbeiter verbesserte sich, aber nur langsam. Die ersten Streiks verliefen meist ohne Verbesserungen für die Arbeiter. Erfolgreicher waren Aufrufe, das Bier bestimmter Brauereien zu boykottieren. Die erste dieser Aktionen war der Berliner Bierboykott von 1894, der acht Monate dauerte und dem weitere folgten. Tarifverträge wurden aber in den meisten Brauereien erst nach 1905 abgeschlossen.

Vom Ende der Alchemie zum Anfang der Brauwissenschaft

Zu Beginn des 17. Jh.s machte sich der Alchemist Johann
Thölde (1565– ca. 1614) Gedanken über die Gärung: «... *daß*
man dann solchem gebrautem Getränk ein wenig Hefen zu-
setzt, welche dem Bier ein innerliche Entzündung bringt, daß
sich's in sich selbst erhebt und ein Absonderung und Scheidung
geschieht des Trüben von dem Klaren und des Unreinen von
dem Reinen.» Viel mehr, als dass die Hefe unter Brausen und
Schäumen eine Veränderung im Bier bewirkte, wusste der
Brauer auch 200 Jahre später noch nicht. Die Gelehrten moch-
ten hinzufügen, dass bei der Gärung Zucker in Alkohol umge-
wandelt wurde; aber darüber, was Hefe ist und wie man die
Gärung quantifizieren könnte, wurde auch im 19. Jh. nur auf
hohem Niveau spekuliert. Dadurch barg aber selbst das industrielle Brauen ein großes Risiko, weil ein zentraler Prozess
nicht steuerbar war. Um eine Lösung dieses Problems bemühten
sich drei unterschiedliche Gruppen, nämlich Praktiker, Chemiker und Biologen. Für die Praktiker war dabei am wichtigsten,
den Gärprozess zu bilanzieren. Das Saccharometer kam in deutschen Brauereien erst relativ spät in Gebrauch. Gabriel Sedlmayr brachte eines von seiner Englandreise mit und stellte
später fest: «*Die Berechnung der Ausbeute, von der wir vorher*
keinen Begriff hatten, wurde uns freilich erst klar, als wir später
den Gebrauch des Saccharometers kennen lernten, der in den
englischen Brauereien schon eine große Rolle spielte ... Ich
brauche Ihnen nun nicht auseinanderzusetzen, mit wie ganz an-
deren Augen wir von jetzt an den Gärungsprozeß *und dessen*
Behandlung betrachteten, wie wir, nach Hause gekommen, die
Nutzanwendung davon machten und wie infolge davon bei
unserer Untergärung die Eisverwendung Eingang fand.» Die
zweite Gruppe waren die Chemiker um Justus Freiherrn von
Liebig (1803–1873). Liebig wechselte 1852 von Gießen an die
Münchner Universität und kam dort natürlich auch mit den
Brauern in engen Kontakt. Liebig und seine Schüler vertraten
die Auffassung, dass Hefe ein unbelebter Katalysator sei, der
den Zerfall von Zucker zu Alkohol und Kohlensäure beschleu-

nigt. Die dritte Gruppe waren Biologen, wie Charles Cagniard-Latour (1777–1859), Friedrich Kützing (1807–1893) und Theodor Schwann (1810–1882), die Hefe als lebenden «Zuckerpilz» betrachteten. Zu diesen «Vitalisten» stieß bald der Mikrobiologe Louis Pasteur (1822–1895). Die akademische Diskussion zwischen Biologen und Chemikern, die, durch den französisch-deutschen Krieg von 1871 verschärft, bald fundamentalistische Züge annahm, wurde erst durch Arbeiten des Münchner Nobelpreisträgers Eduard Buchner (1860–1917) beendet.

Die theoretischen Dispute halfen aber den Brauern nicht, ein dringendes Problem zu lösen, nämlich die Kontamination der Würze durch Mikroorganismen, die zwar nicht gesundheitsschädlich waren, aber das Bier trübten und dessen Qualität deutlich verschlechterten. Dabei ging es um sehr viel Geld. Noch 1871 zeigte eine Untersuchung von Pasteur bei der Londoner Whitbread-Brauerei, dass 20 % der gesamten Biervorräte mit Bierschädlingen kontaminiert waren. Ein Mikroskop gab es in der Brauerei nicht. Ein ganzjähriges Brauen, also auch in der warmen Jahreszeit, war so lange ein Glücksspiel, als das Problem der Kontamination nicht gelöst war. Während der Cholerapandemien zwischen 1852 und 1876 lernte man die Bedeutung der Hygiene zu würdigen, und Pasteurs Hinweis, dass Krankheiten des Menschen und «Krankheiten» des Biers auf denselben Prinzipien basieren, trugen zu einer Verbesserung der Betriebshygiene bei. Schwieriger war es, Veränderungen der Betriebshefe oder deren Verunreinigung mit schädlichen Wildhefen zu vermeiden. Die von dem dänischen Wissenschaftler Emil Christian Hansen (1842–1909) im Jahr 1883 entwickelte Hefereinzucht zählt deshalb zu den bedeutendsten Innovationen des Brauwesens. Mit Hilfe des Hansen'schen Apparats wurde es möglich, aus einzelnen Hefezellen neue Anstellhefe zu züchten.

Neben der Mikrobiologie waren organische oder anorganische Zusätze im Bier ein Problem, seien sie vorsätzlich oder unwissentlich dahin gelangt. Die seit Mitte des 19. Jh.s aufblühende Lebensmittelchemie deckte immer wieder gefährliche Beimischungen auf. Die Empörung der Öffentlichkeit führte zur Einrichtung von Überwachungsbehörden und zur Anstellung von

«Brauereichemikern» als Vorläufern der akademisch ausgebil-
deten Brauer. In England hatte man bereits 1831 Robert Wa-
rington als wohl ersten Brauereichemiker bei Truman, Hanbury
and Buxton engagiert. In den Ale-Brauereien in Burton-upon-
Trent arbeiteten um die Mitte des 19. Jh.s verschiedene Lie-
big-Schüler. Anton Drehers Schwechater Brauerei engagierte zu
Beginn der 1860er Jahre Johann Carl Lermer als «Brauereichemiker». Eigene Laboratorien wurden allerdings erst seit den
späten 1870er Jahren in den industriellen Brauereien etabliert.

Es wird oft festgestellt, dass der Erfolg des deutschen Brauwesens darauf basierte, dass handwerkliche Praxis und akademische Theorie zusammenwirkten. Zunächst neigten die handwerklichen Praktiker wie Gabriel Sedlmayr oder Anton Dreher
dazu, ihr ungeheures Wissen und ihre Erfahrung für sich zu
behalten. Man kann sich daher die Verbitterung der beiden vorstellen, als 1853 Sedlmayrs Verwandter und langjähriger enger
Mitarbeiter Philipp Heiß (1812–1860) in seinem Buch «*Die
Bierbrauerei mit besonderer Berücksichtigung der Dickmaisch-
braue*rei» die Einrichtung der gerade fertiggestellten neuen Spatenbrauerei ebenso minutiös beschrieb wie die Brauverfahren in
München und Wien. Heiß hatte damit seine Anstellung und
seine Zukunft riskiert, aber zugleich den Grundstein für Lehr-
bücher aus der Praxis gelegt, wie sie bis heute im Brauwesen in
Gebrauch sind. Die Zusammenarbeit zwischen Brauern und
Wissenschaftlern hat das gefördert. Einer der markantesten
Protagonisten war der Münchner Professor Cajetan von Kaiser
(1803–1871), der eng mit Heiß, Sedlmayr und anderen Brauern
kooperierte. Im Jahr 1837 folgte Kaiser dem Wunsch wissbegie-
riger junger Brauer und hielt eine Reihe von Vorlesungen über
naturwissenschaftliche Aspekte des Bierbrauens. Diese Vorlesungen erlangten bald unter den Brauern große Berühmtheit
und wurden über die Jahre von mehr als 1000 Hörern aus dem
In- und Ausland besucht. Es dauerte dann nicht mehr lange, bis
1865 Professor Carl Lintner (1828–1900) an der «Landwirtschaftlichen Centralschule» in Freising-Weihenstephan mit einem von ihm angebotenen «Brauer-Cursus» die Ära der akade-
mischen Brauerausbildung eröffnete.

9. Das 20. Jahrhundert
und die Zukunftsperspektiven

In den letzten hundert Jahren kann man prinzipiell drei Entwicklungsphasen unterscheiden. Wurde, auch was das Bier betrifft, während und unmittelbar nach den Weltkriegen alles dem überragend wichtigen Anliegen untergeordnet, die Bevölkerung mit Nahrung bzw. Kalorien zu versorgen, so wurden mit Beginn der Wirtschaftswunderjahre (zumindest in Deutschland) der Geschmack und die Marke der Biere immer wichtiger. Möglichst breite Bevölkerungskreise sollten als potenzielle Konsumenten angesprochen werden. Eine Tendenz, die jedoch in den USA in den Jahren nach der Prohibition tatsächlich zu einem, milde ausgedrückt, Einheitsbier für jedermann führte. Dieses Getränk verlor aber rasch Marktanteile, als vor etwa 30 Jahren ganz überraschend die Bewegung der Kreativbrauer, in den USA *Craft Brewer* genannt, die Szene betrat. Wie so vieles, was in den USA erfolgreich wurde, begann auch die Geschichte dieser Bewegung ganz klein in Garagen. Die Kreativbrauer distanzierten sich geschmacklich völlig von dem klassischen *American Lager*. Unter anderem gewaltige Hopfenmengen, die auch oft zur kalten Lagerung gegeben werden, prägen heute in den USA eine Vielfalt an Bieren wie in keinem anderen Land auf der Welt. Halbmillionen-Städte wie etwa Portland in Oregon weisen mehr als 50 (!) Brauereien auf. Bei dieser Diversifizierung handelt es sich um eine Tendenz, die inzwischen auch viele nicht klassische Bierländer, wie z. B. Italien und Frankreich, aber eben bereits auch Dänemark und selbst, wenn auch nur zaghaft, Deutschland erreicht hat. Die dritte Entwicklungsphase setzte vor einiger Zeit ein: Es wird intensiv daran gearbeitet, dem Bier neben seinen vielen ohnehin unbestreitbar positiven Eigenschaften weitere bemerkenswerte Funktionalitäten zu verleihen. Nicht nur außergewöhnliche Farbe, Schaum und Geschmack sollen den Biertrinker erfreuen, nein, das Bier muss nun auch für Menschen mit chronischen Krankheiten wie Diabetes, Gicht, Zöliakie usw. geeignet sein und sollte möglichst noch Glückshormone und Substanzen enthalten, die andere Krankheiten oder das Altern verhindern.

Die Zeit der Weltkriege hatte noch einmal die Brauentwicklung stark beeinflusst, zumal in den unmittelbar involvierten Staaten die Lebensmittelversorgung stark reglementiert wurde. Dies betraf natürlich auch das Nahrungsmittel Bier – die Stammwürzegehalte wurden per Oktroi nach und nach verringert, die Qualität des Getreides bzw. des Malzes herabgesetzt, oder man wechselte gleich gar zu für Brauzwecke unedleren Rohstoffen (z. B. Topinamburwurzeln, Molke). So mussten nach dem Ende des Ersten Weltkriegs beispielsweise erst 1923 die Brauer der Kölner Region wieder ausnahmslos Malz, vorgeschrieben nach dem Reichsbiersteuergesetz, verwenden. Dieses Gesetz galt damals bereits fast für die gesamte Weimarer Republik. Es beinhaltete das Bayerische Reinheitsgebot. Dieses Gesetz war dem damals inzwischen vom Königreich zum Freistaat gewandelten Bayern weiterhin sehr wichtig, sodass Bayern auf der Allgemeingültigkeit dieser Bestimmungen in der neuen Republik bestand. Doch fällt im Hinblick auf dieses Gesetz eine wichtige, dem Wandel der Geschichte geschuldete Änderung auf: 1906, als Deutschland noch die Kolonien besessen hatte, waren Getreide wie Reis, Buchweizen und Sorghum im Geltungsbereich des deutschen Rechtes erlaubt (wenn auch nicht in Bayern, Baden und Württemberg!), und zwar sogar als Rohfrucht. Nach dem Verlust der Kolonien und kurz nach Gründung der Weimarer Republik wurde aber das Reichsbiersteuergesetz neu formuliert. Fortan musste alles Getreide vermälzt sein, und Reis, Mais und Sorghum waren seitdem sogar als Malz verboten. Von Buchweizen war gar nicht mehr die Rede. Dies sind interessanterweise Getreide, die bis heute in Mitteleuropa entweder gar nicht angebaut werden oder deren angebaute Sorten nicht zu Brauzwecken geeignet sind. Möglicherweise stand damals vielleicht auch Protektionismus zugunsten der einheimischen Agrarprodukte Pate. Seither hat sich das Bier(steuer)gesetz nicht mehr besonders verändert. Im Laufe der letzten Jahrzehnte hat man versucht, dieses Gesetz vor den Konsequenzen der europäischen Vereinheitlichung zu verteidigen; so vehement die Versuche vorgetragen wurden, so erfolglos sind sie letztendlich geblieben. Allerdings wird derzeit ein neuer Vorstoß unternommen, der darauf abzielt, dieses Gebot bei der UNESCO als kulturelles Welterbe schützen zu lassen. Die Richtlinien der Europäischen Union zwingen die Brauer immer wieder, alte Traditionen zu verteidigen. So wurde vor kurzem ein Urteil gefällt, dass die Tonkrüge (nach der oberbayerischen Ortschaft Keferloh benannt) auch in Biergärten weiter verwendet wurden dürfen, obwohl man den Eichstrich von außen nicht mit der tatsächlichen Füllhöhe abgleichen kann. Man behilft sich, indem ein leerer Krug an der Schänke stehen muss, sodass ein Gast – bei Bedarf – das ausgeschenkte Bier volumetrisch darin vergleichen kann. Die Biergärten sind ganz besonders im Süden von Deutschland von großer kultureller und gesellschaftlicher Bedeutung. Nirgends sonst hat man vergleichbare gastronomische Einrichtungen, wo alle Menschen zusammenkommen. Es gibt keine Beschränkungen nach Alter, Geschlecht, Herkunft oder anderen Kriterien. So war es auch in den letzten Jahren von Bedeutung, die Öffnungszeiten dieser wichtigen Institution, die seit etwa 200 Jahren besteht, zu erhalten. In den Biergärten, oder in Franken auf den Kellern, wurden und werden teils noch immer die dort gelagerten Biere direkt in einem beschatteten Garten ausgeschenkt. Eine Küche ist nicht zwangsläufig von Nöten. So besteht auch bis heute die schöne Tradition, dass in den entsprechend ausgewiesenen Biergärten – in Bayern heißen sie auch gern Wirtsgärten – jeder sein eigenes Essen bringen kann; nur die Getränke, die man zu konsumieren gedenkt, müssen an Ort und Stelle erworben werden.

Für die nahe Zukunft zeichnen sich zwei Tendenzen ab. Im Zuge der fortschreitenden Globalisierung werden einerseits sogenannte Agrobusiness-Zentren entstehen. Dort werden – an Orten mit landwirtschaftlich günstigen Bedingungen – Vorprodukte für das Bierbrauen produziert werden. Man kann sich also vorstellen, dass die großen ackerbaulich günstigen Regionen der Welt – wie etwa die Great Plains in den USA oder vergleichbar landwirtschaftlich interessante Räume in der Ukraine – für die Produktion von Stärke genutzt werden. Diese wird dann an Ort und Stelle zu Zucker extrahiert, getrocknet und dann in jene Zentren transportiert, wo viele Menschen leben und günstige Wasserverhältnisse bestehen. Dort wird das Produkt dann weiter veredelt. Eine kontinuierliche Bierproduktion wird die chargenweise Prozesse ablösen. Dies alles wird das Brauwesen steuerbarer, wirtschaftlich günstiger und einheitlicher gestalten. Andererseits steht dieser Perspektive eine weitverbreitete Beharrungstendenz entgegen, welche die Craft Brewer Amerikas und auch die stark ihren Traditionen verhafteten Brauer in Belgien, Tschechien, Großbritannien und Deutschland an den Tag legen. Auch qualitativ interessante, traditionell produzierte Biere aus Afrika und anderen Kontinenten beanspruchen zu recht ihren Zugang zu den internationalen Märkten. Es geht bei dem ganzen Themenkomplex auch nicht mehr einfach nur um ein Getränk. Es geht vielmehr um ein Genussmittel als Ausdruck eines ganz bestimmten Lebensgefühls. Das haben die belgischen Brauer schon lange erkannt, die beispielsweise die Konsumenten bitten, ihre Produkte nicht aus der Flasche zu trinken, sie aber auch nicht aus Zahnputzbechern zu konsumieren, sondern aus den dazu passend ausgewählten Gläsern und Pokalen zu genießen. Das Bewusstsein der Brauer für die Eigenart und den Wert ihres Biers steigt, und so suchen sie nach entsprechenden Wegen, wie sie sich mit ihrem Produkt von der Massenware abheben können. Ein wichtiger Aspekt dieses Distinktionsprozesses besteht darin, der Öffentlichkeit bewusst zu machen, dass sie es mit Firmen und Traditionen zu tun hat, die teilweise zu den ältesten der Welt gehören – und dass sich mit ihnen auch ein Qualitätsversprechen für das Bier als ein einzigartiges Produkt verbindet. Nur eine Gastronomie in Japan, Hoshi, gegründet 718, ist älter als Brauereien wie beispielsweise die Staatsbrauerei Weihenstephan (1040) oder die Brauerei in Kloster Weltenburg (1050). So faszinierend wie die Geschichte des Biers, so spannend scheint also auch seine Zukunft in der globalen Welt.